前言

從偏差值35一躍考上東大的超級「專注力」

各位是專注力很強的人嗎？

會拿起本書《東大生的究極專注力》翻閱的讀者，我想多數人都有著「自己不太能專注」或「最近專注力不斷下降」等等，與專注力有關的煩惱吧。

是否就是因為難以集中精神，所以各位才想要翻閱本書呢？

非常了解這種心情。

我在小學時的綽號，就是「三日坊主」（譯註：比喻三分鐘熱度）。

我原是個做事沒辦法集中注意力，不管做什麼都難以持續下去的人。

不論念書、運動還是閱讀，我都沒辦法聚精會神，做什麼都半途而廢，怎麼樣也無法堅持下去……我是個沒有專注力，典型的「半吊子」。

勉強集中精神也無法拿出成果

然而我這個「半吊子」，卻因為某個契機，開始想考上東大。

但當時（高中二年級3月時）我的的偏差值只有35。

我平時既沒有念書的習慣，就算想集中精神念書，才不過15分鐘就覺得疲累、想要休息了。

當時的我對「專注」的印象就是「長時間辛苦地持續做同一件事」。

所以我一念書就想要玩遊戲，念了15分鐘就累得不想再念下去了。

即便如此，我還是勉強自己前往自習室之類無法玩遊戲的空間，逼自己在做完功課前不能睡覺，強迫自己處在不得不專注念書的狀況，就這樣用功了一年。

從結論來說，我落榜了。

很普通地、毫無懸念地，沒考上東京大學。

「一定是我還不夠努力！我必須更苛刻地逼自己念書！」

我決心重考，再加油努力一年。

然後跟各位心中想的一樣，我又落榜了。

這次的落榜也一樣，毫無懸念、理所當然。

「到底是哪裡不對！」

走投無路的我，只好從頭開始檢視自己的讀書方法，試著找出自己不行的地方。

我在這過程中，向考上東京大學的朋友，或以東大為志願但成績比我好的考生朋友詢問：「真的很不好意思，但可以請你們教我念書嗎？」或是「拜託你們可以讓我看看筆記嗎？」

優秀的東大生們都具備「專注的祕密」

然後我發現，「專注」這件事與我所想像的截然不同。

那些拿出成果的朋友們，沒有一個人能夠做到「長時間忍耐並專注」。

更多的人會在適當的時機休息，不會勉強自己專注，反而享受專注的時間。

不是

✕ 忍受專注

而是

○ 享受專注

他們熟知這樣的專注技巧，也在生活中親身實踐。

正因如此，他們不用拚死命也能拿出成果，不需勉強也能堅持下去。

理所當然地，打從一開始，我就不可能贏得過以這種方式專注的人。

於是我學習他們的技巧，改良成適合自己的版本，完成了屬於自己的專注術。

這個「東大式專注技巧」使我能夠集中精神在應試上，取得東大模擬考全國第4名的成績，最後順利考上東大。

我進入東大後，擔任目前正在講談社Morning連載的《東大特訓班2》漫畫編輯，也在東大生組成的團隊「東龍門」作為隊長，每年調查100名以上東大生的讀書方法。在這些日常活動中，我不斷精進這套「東大式專注技巧」，現在更以這套方法在全國4間高中推廣「真實版東大特訓班計畫」。

那些起初說「沒幹勁」、「無法專注」的學生，都能透過這套方法輕鬆專注在念書上。同時，許多學生也因此變得能夠集中精神在讀書以外的生活與興趣上，創造自己獨特的學習方法。

看到身邊這些令人感動的光景，我真的非常高興，也開始覺得這樣的方法，應該要讓更多人知道，所以決心執筆撰寫本書。

專注力，果然還是很重要的能力。

需要「專注」的場合遠比許多人想像的更多；因為無法專注，所以怎麼做也不順利的情況，可說是多不勝數。

東大生：「專注力是應試時最重要的能力」

對於「東大生為何能成為東大生？」這個問題，許多東大生回答的是「專注力」。

其實，有多達6成的東大生都認為應試時最重要的就是「專注力」（資料來源：2018年2月27日，PENTEL《東京六大學畢業生、在學生調查》）。

念書時間愈長結果愈好，念書念最久的考生就能考上東大……事實上完全沒這回事。

有些人的念書時間很短，但考上了東大；相反地，也有不少考生坐在書桌前的時間比任何人都久，但最後還是落榜。

為什麼會出現這種差別？

答案正是「專注力」。

因為他們能夠徹底聚精會神，大幅提高一個小時的讀書效率，所以才能考上東大。

如果在一旁觀察東大生，有時候確實能感受到那種無與倫比的專注力。

即便到剛才為止都還在嘻笑打鬧，可一旦開始上課或需要解開問題，就能瞬間集中注意力，專心得彷彿聽不見周遭的聲音……像這種人在東大裡是非常多的。

專注力讓他們能夠迅速完成各種工作。

像這樣不用勉強自己、可以在適當時機快速進入集中狀態的人，最終便能獲得豐碩的成果。

具備專注力的人，才能夠不斷拿出成果。

同樣都是工作一個小時，能夠專注的人與難以專注的人之間，會產生無法企及的差距。

專注一小時，勝過散漫的十小時。將做事的效率提高到極限，就能拿出更好的成果。

在接下來的時代，我們需要的不是僅憑意志、強硬逼迫自己的「忍受型專注」，而是盡可能提高效率，在短時間內完成課題的「享受型專注」。

「享受型專注」＝「積極」的專注

各位在進入專注狀態時，應該不是腦中想著「我要專注！」然後才開始集中精神吧。

應該是自然地、下意識地、沒有自覺地專注起來……這樣才是常見的專注方式。

腦中想著專注就能專注的人，我想應該很少才對，絕大多數人應該是在不知不覺間就專注起來。這是因為我們必須處在**「自然地變得積極」**的狀態，才能集中注意力。

所謂「享受型專注」，換句話說就是「積極」的專注，也正是東大生們優秀專注力的真相。本書介紹的，就是這種專注方式，我將從第0章開始進行詳細的解說。

畢竟本書的書名叫作《東大生的究級專注力》，或許有些讀者會有以下擔憂：

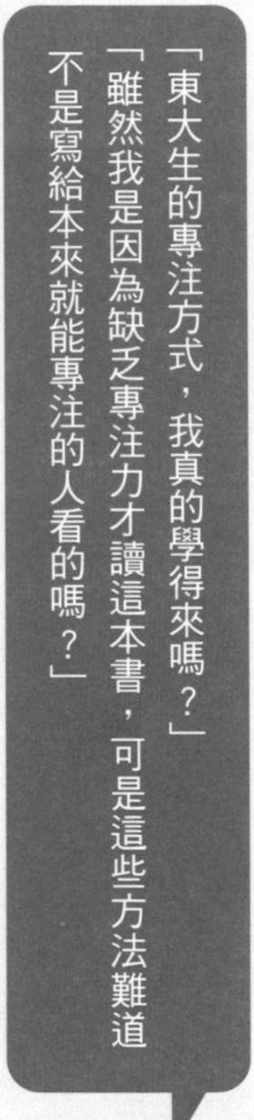
「東大生的專注方式，我真的學得來嗎？」
「雖然我是因為缺乏專注力才讀這本書，可是這些方法難道不是寫給本來就能專注的人看的嗎？」

各位不用擔心。

我原本也是個毫無專注力、偏差值才35的學生，而本書內容正是淬鍊自這樣的我在生活中鍛練起來的專注技巧，我想不論任何人都一定能做到。

此外，不只是念書考試，無論工作還是一般的閱讀等任何時刻，都能應用本書向各位介紹的專注技巧。

還請各位讀完本書，試著在生活中實踐看看吧！

東大生的究級專注力

Contents

前言

第0章

專注所需的是「積極」的心態

第1章

找出能夠變得「積極」的明確對象

第2章 保持「積極」的方法

第3章

確認自己是否真的「積極」

確認「自己的類型」

這邊的內容在第1章之後會有更詳細的探討，
不過首先，我們要找出適合自己的專注方法，
這是可以讓人全神貫注的祕訣之一。
為了找出適合自己的方法，
必須先知道自己究竟是什麼類型的人。
請試著回答以下問題，了解「自己的類型」。

右腦型  or 左腦型 

Q1 獲得他人的讚美時⋯⋯

Ⓐ 如果是獲得「你很有趣」、「跟你在一起很開心」等感情上的讚美會比較開心

Ⓑ 如果他人用明確的話語與邏輯稱讚自己「哪裡很好」會比較開心

Q2 別人想說服你時⋯⋯

Ⓐ 用「大家都很困擾，只能拜託你了」等感情上的理由説服你，你才會有幹勁

Ⓑ 用「這是為了你的將來好」等合乎道理的理由説服你，你才會有幹勁

Q3 想做出什麼行動時⋯⋯

Ⓐ 想做「看起來比較開心」的事情

Ⓑ 想做「做這件事後會變這樣」等脈絡明確且合乎邏輯的事情

Ⓐ 比較多是**右腦**型　　Ⓑ 比較多是**左腦**型

慎重派  or 行動派 

Q1 當別人說「這份工作要盡快完成！」的時候……

Ⓐ 覺得「反正是盡快，那只要提早一天完成就好了吧？」

Ⓑ 覺得「用最短時間完成它吧！」

Q2 接到一份工作時……

Ⓐ 往往一開始就先決定工作的時程、結束時間、要做到多少目標，然後才開始工作

Ⓑ 往往不決定時程，總之先看自己心情，馬上開始積極工作

Q3 暑假作業……

Ⓐ 想要每天做一點

Ⓑ 總是一口氣做完

Ⓐ 比較多是**慎重**派　　Ⓑ 比較多是**行動**派

努力型  or 效率型 

Q1 想提升成績時……

Ⓐ 總之先埋頭苦讀，試著提升成績

Ⓑ 思考若想提升成績應該怎麼做，摸索屬於自己的方法

Q2 上司叫你做的工作……

Ⓐ 因為是上司的命令，所以不去思考意義就完成它

Ⓑ 如果覺得沒有意義就不想做

Q3 如果有什麼想達成的目標時……

Ⓐ 想盡最大限度的努力拿出最大的成果

Ⓑ 想用最小限度的努力拿出最大的成果

Ⓐ 比較多是**努力**型　　Ⓑ 比較多是**效率**型

專注所需的是「積極」的心態

「專注」不需要努力。
不需要努力的專注＝「積極的專注」，
這才是我們需要的。

第 0 章

東大生會「積極」地專注

「專注」不等於「努力」

我首先想向各位說明「為什麼為了專注，我們需要變得『積極』」這件事，但在這之前，還必須事先向各位提及一個概念。

「專注」，並不等於「努力」。

在前言中，我已經稍微提到這件事。忍耐苦撐、拚命努力不能稱作「專注」。

我以前也這樣認為，所謂「集中精神努力！」或是「全神貫注加油吧！」等說法，聽起來總有種必須「堅定不移地努力」的感覺。

仔細一想，將「集中精神！」與「加油吧！」兩句話當成同一個意思在用的人，似乎也不少呢。

但真正的「專注」，是不用勉強的。

不用忍耐，不用勉強，可是能夠自然地成為那樣的狀態。

換句話說，「不用努力的專注」才是真正的專注。

譬如，各位平常喜歡做什麼事呢？

請在腦中思考看看。

各位想到了嗎？

接著回想一下，自己在做那件事的時候是什麼樣子。

看起來怎麼樣呢？

埋首於興趣中的自己，看起來是否很勉強呢？是否忍受著痛苦呢？

我想應該不會那樣才是。做因為喜歡才做的事自然無須勉強自己，也不用「努力」逼自己專注。

這或許會令人感到不可思議，但其實有許多考上東大的人在聽到「你好努力喔！」的時候，會做出有點尷尬的反應。他們往往會回答：「不，沒有這回事喔。」

那麼要說他們「沒有努力」嗎？事實也非如此。

根據調查，若不將上課的時間算進去，東大合格者的平均念書時間為每週五十個小時。雖然這個調查算進了通勤時活用的零碎念書時間，然而仍有平日五小時、假日十三小時的讀書量，是相當驚人的數字。

即使念書的時間這麼長，但他們仍會回答「我沒有拚死命地努力」或「我不記得我有勉強自己念書」。

這個事實顯示了：

專注力 ≠ 忍耐力

接下來將透過本書告訴各位「該怎麼做才能專注」，**而我希望各位最先做到的，就是拋開「加油吧！」這種心情。**

本書想教給大家的是「不努力的專注」，這樣才能做到如東大生每週五十小時「不用努力」地念書，並能長久持續，拿出最棒的成果。

理所當然地，勉強自己無法持久。

熬夜念書只會讓自己隔天更累、更想睡；就算喝能量飲料，其效力最多也只能支撐一個晚上。

不努力的專注＝真正的專注

請各位先有這樣的認知吧！

專注力指的是「活動大腦」

那麼，說到「真正的專注就是不努力」，可能會有人這麼想：

「不努力的話，只要發呆也可以嗎？」
「什麼事都不做就是專注……是這個意思嗎？」

事情並非如此。

「專注的狀態」與「不專注的狀態」之間的差別，關鍵在於「頭腦是否有在運作」。

譬如，請各位回想沒有專心做事時的狀態。

不論念書還是對著電腦工作，都會分神在意其他事情，就是沒辦法關注眼前的正事。處在這種狀態時，就可能造成進度緩慢，我想各位此時都會有「我真是不專心」的感覺。

相反地，如果是很專注的狀態，就會忘記時間，只關注眼前的事情吧。

無論是運動、念書還是工作，惟有一心一意、只能思考眼下事情的狀態，才是真正的專注。如果進入這種狀態，就會像方才說的，沒有「自己正在勉強」的感覺，而能毫不間斷地持續下去。

區分這兩種狀態的關鍵，就是「大腦的活動」。**用了多少腦容量在眼前的事情上。**

這就是「專注狀態」與「非專注狀態」的不同。

常看到**「不加思索地埋首其中」這種說法，其實這句話真正的意思是「不思考『其他的事情』而埋首其中」。**

即使是在做單調的作業時，也是因為只能思考眼前的作業，所以才可以集中精神吧？

大腦是否有在活動，決定了我們是否處在專注的狀態。

而為此，我們不能勉強自己。

明明大腦很疲累了卻逼自己專注，又或是自己相當心煩意亂卻想拚命集中精神，這些都是不可能做到的事。

說不定短時間內能夠做到，但無法長久持續，畢竟對專注時最重要的「大腦活動」棄而不顧，當然也就無法支撐下去。

專注是不合理的行為

我用「大腦的活動」這種說法，或許有些人會覺得「原來專注是種相當合理的行為」。

但其實並非如此。事實上，「專注」是種不合理的行為。

這是因為專注在某種層面上來說，是在「欺騙大腦」。

舉個例子。

以下會讓你想要「認真解決」的課題是哪一個呢？

・只要努力30分鐘就能得到一百萬圓的課題
・即使努力30分鐘也得不到一圓的課題

各位當然都會回答「前者」吧。

畢竟任誰都想要一百萬日圓，而且既然努力的量都相同，那麼選擇錢更多的選項當然更有動力。

誰都會這麼做，我也會這麼做。

然而事實是，就算拿不到一毛錢，人類有時候還是會努力。

如同有些人會積極參與志工活動，或是像有些學生盡心盡力投入到可能對自己的將來不是那麼有幫助的社團活動中。

人類的努力或專注裡，本來就包含著相當不合理的要素。

最新的腦科學研究指出，人類的腦中有著稱為**「島葉」**的區域，而這個區域活躍的人難以持續專心，無法長時間努力做一件事。

島葉是什麼樣的區域呢？

這裡是「計算利益得失」的區域。如果有人說「報酬很少」，島葉就會開始活動，讓人類變得懶惰；相反地，若說「報酬很多」，這個區域就會平靜下來，人類就會努力做事。

為什麼人的腦中明明有這樣一個區域，卻還是能在報酬少的條件下集中精神呢？

這是因為，我們可以欺騙這個區域。

不管島葉怎麼踩煞車，發出「那樣做也沒意義」或「那很麻煩所以不要做」的訊號，人類還是可以擋下這些訊號。

譬如在一塊錢也得不到的志工活動中，如果可以得到別人的感謝等其他報酬，或許我們就能發揮專注力，心中產生滿滿的幹勁。

即便是工資低的單調勞動，若是我們能從中找到一點樂趣，這種樂趣就會成為報酬，使我們能夠專注在工作上。

更重要的是，「喜歡」這件事能夠輕易地打破邏輯與合理性；在毫無報酬的領域中，若包含著自己的「喜歡」、找到覺得「有趣」的要素，人類就能奮不顧身地努力下去。

因此，我們才能夠騙過做出合理判斷的島葉。只是合乎情理並非專注，而不合理之中亦有著專注。在很多時候，這些不合理的專注，反而能發揮更好的效果。

在東大生裡，說自己「喜歡念書」的人相當多，而覺得念書很無聊、討厭念書與考試的東大生占少數。或許正因如此，東大生才會對「勉強自己讀書」這種感受感到困惑。

而在往後的時代，這種「不合理的專注」將逐漸成為必備的能力。這是因為，合理的行動可以由人工智慧代替人類進行。

有時候會採取不合理的行為，正是人類之所以為人類的原因。

看到這裡，各位心中或許會有這種想法：

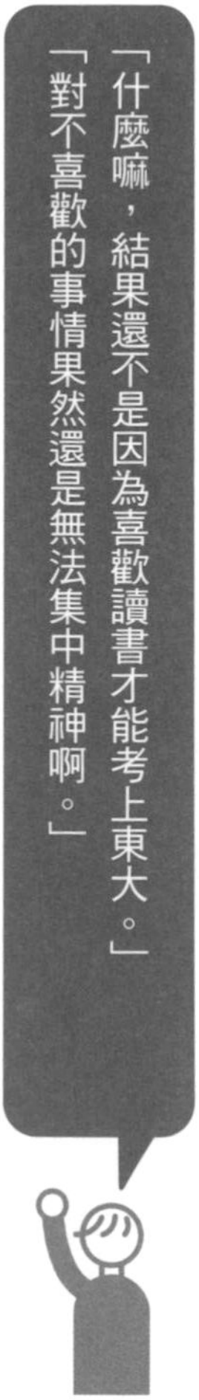
「什麼嘛，結果還不是因為喜歡讀書才能考上東大。」
「對不喜歡的事情果然還是無法集中精神啊。」

這是很嚴重的誤解。

許多人都誤以為「不喜歡就無法專注」。

絕沒有這回事。其實就算不喜歡，甚至討厭無比，都有方法可以專注。

無須多言，這個方法正是——

「積極」

變得「積極」正是保持專注力的關鍵。

東大生具備的「積極」心態

所謂積極的狀態究竟是什麼樣的狀態呢？

在解說前我想先問各位一個問題：各位最近感到自己「積極」的瞬間是什麼時候？是電視上播著驚天動地的新聞的時候？是閱讀期待已久的漫畫最新一集的時候？還是想看的電影或想聽的演唱會開始的時候呢？

人在驚訝或對眼前的事物有興趣時，身體會自然地往前傾，目不轉睛地直盯著看。

縱使沒有其他人做出命令，但不論任何人，只要心中產生強烈的興趣，就會盡可能地拉近與對方之間的距離。

這就是「積極」的意涵。

各位是否也有過身體往前傾，「積極」地聽別人說話或向對方傾訴的經驗呢？

我想這個時候，各位應該不會認知到自己很「積極」這件事，而且可能是處在非常專注的狀態吧。

東大生優秀之處，即在於這個「積極」的態度。聽教授講課、解答問題、閱讀文章、與他人對話……東大生在所有場合中，幾乎都能「積極」地採取行動。

譬如上課時，可以看到許多學生屁股從椅子上稍微抬起來，彎著上半身，一邊點頭一邊聽教授說話。

而這些學生必定都心無旁騖地專心聽著課。他們並沒有強迫自己努力進入專注狀態，而是自然而然地就做出這樣的動作。

我們的目標就是這種狀態，這種不自覺往前傾倒身子的「積極」狀態。
既不是因為喜歡才專注，也不是勉強自己專注，而是大腦自顧自專注的狀態。
若能實現這種「積極」，任何人都可以自然地發揮專注力。

積極是種「主動的姿態」

那麼，為什麼積極可以使我們更加專注呢？
我想這是因為積極的狀態是種「**能夠保持自然且主動的狀態**」。
積極，是種自己對某個對象產生強烈興趣的狀態，而且這並非刻意為之，單純只是「好想知道對方接下來會說什麼」，或是「好在意接下來的內容」而已。我認為可以將「積極」，定義為無須勉強就能自然進入的一種關注對方的狀態。

另一個重點在於，**「喜歡」與「積極」並不相同**。

「積極」是種主動狀態，並非感到有趣的狀態。

的確，人都會對喜歡的事物產生興趣……話雖如此，這意思並非是說，若不是「喜歡的事物」就無法專注。

專注在不有趣的事物上其實是稀鬆平常的事。確實有的時候，人會變得積極的原因可能是「因為這個話題聽起來很有趣」，但也有可能是「沒聽到可能會很虧」或是「這個話題或許對我有幫助」等利益得失，又或是「沒仔細聽可能會被對手拉開差距」等競爭意識，甚至可能是焦慮或憤怒等情緒……

其實除了「有趣」之外，還有很多事物可以按下變得「積極」的開關。

常言道，「積極」是人在學習時最重要的心態。積極的學生成績會愈來愈好，而不積極的學生則無論過了多久，都無法順利提升成績。

「上課」的英語是○○

各位知道「上課」用英語要怎麼說嗎？

其實有很多人不知道正確的說法。

若是去問高中生這個問題，每次都會得到「Hear（聽）」或是「Listen（聽）」，又或是「Accept（接受）」等等各式各樣有趣的答案，但這些全都錯誤。

正確答案是——

「Take a class」

「Take」這個英語單字原本的意思是「拿取」，也就是說「課程」本來是必須去「拿」的東西。

無論老師教課教得多好、課程內容多麼紮實，若上課的學生對課程一點興趣都沒有，成績就絕對不可能提升。

不是對老師的話充耳不聞，而是真的抱持興趣，並且加深對內容的理解直到自己滿意，甚至還能舉一反三、提出疑問，像這樣的心態對學習來說至關重要。

若要以其他的語詞來描述，還可以用「被動」與「主動」的對比來說明。單純聽人說話的狀態是「被動」的，因為這樣並非對對方的話題感到有興趣，只是漫不經心地聽，自己不會有所動作。用英語來說，或許就是「Hear」的狀態吧。

相反地，自己積極聆聽課程，並對課程的內容抱持意見或疑問，這樣就是「主動」的狀態。

對處在這種狀態下的學生來說，上課像是一瞬間的事，可以說他們都能主動地自己念書。這種「Take」的心態，才讓他們能夠專注。

「積極專注」所需的三個步驟

如同剛才的解釋，「積極」是種「自然且主動的狀態」，也是一種可以毫不費心地做出「Take」這種動作的狀態。不用勉強自己，就能夠「主動」應對眼前的事物。

本書所要介紹的專注力的理想形，就是這個「積極」的狀態。而我想要告訴各位的是，我們應該如何進入「積極」＝「自然且主動的狀態」。

這種「專注的方法」，不論在念書、聆聽他人、工作還是閱讀等任何時刻都是相同的。

為了做到「積極的專注」，我們需要三個步驟。

第一個步驟是「使目標更明確」。

為了變得「積極」，必須先決定我們「要對什麼事物」展現積極，因此擬定一個明確的對象是必要的。我將在第1章，介紹使積極的目標更明確的技巧。

第二個步驟是「保持幹勁」。

在變得「積極」後，當然還需要其他方法使自己能夠保持著「積極」的心態。我會在第2章，告訴各位如何維持充滿熱情的狀態，不斷地「積極」下去。

第三個步驟是「確認」。

我想各位都曾有明明覺得自己很專注，但其實並不是真的專注，結果無法如期完成進度的經驗吧？

確認自己是否真的專注，摸索各種「讓自己能專注的方法」，就能更進一步集中精神。確認「自己在什麼時候能夠專注」，思考「為了專注該怎麼修正自己的行為」，就可以大幅加強專注力。

我會在第3章，介紹活用輸出來進行「確認」的技巧。

積極的專注

①使目標更明確

▼

②保持幹勁

▼

③確認

學會這三個步驟，就可以自然且主動地關注眼前的事物，達到「積極的專注狀態」！

第0章的Point

✓ 想專注時，拋棄「加油吧」的心情。

✓ 「積極」是種「自然且主動的狀態」。

✓ 有三件事對積極的專注很重要。

①「使目標更明確」

②「保持幹勁」

③「確認」是否真的積極

找出能夠變得「積極」的明確對象。

想要完全專注在一件事情上，
重要的是「使目標更明確」，
然後「捨棄」除了目標以外的其他事情。

第 1 章

1

「明確的目標」對專注很有效！

為了找出明確目標的必要行動是「捨棄」

各位認為「專注」是怎麼一回事呢？

在前一章，我用了「大腦運作的狀態」或「忘記時間而埋首在眼前事情的狀態」等各種說法來描述「專注」。

或許各位聽到「專注」這個詞時，心裡也會浮現各種印象，我認為那些印象都是正確的。

但其實「專注」恐怕也有各位從未想像過的另一面。

實際上「專注」的本質是——

專注 ＝ 捨棄

若各位無法理解這一本質，就無法真正地進入專注狀態。

絕大多數的人看到這裡大概都會覺得：「這是怎麼一回事？」不過請各位留意「專注」這兩個字。

「專」這個字有著「單獨」的意思，而單獨指的就是只有一件事物，而沒有其他的元素。也就是說專注，是用來描述意識只鎖定在一件事情上的語詞。

我想說的是，專注並非一種同時進行很多事、思考散漫的狀態。

反而是一種遮蔽其他外界的影響，只選擇一件事情，並將意識全都匯集到那件事情上的狀態。

我想各位應該都有在蚊子飛來飛去或噪音很大聲的地方，沒辦法集中精神的經驗。

這是因為「其他事情奪走了你的意識」。

聲音害你本來集中在一處的意識變得破碎，陷入精神渙散的狀態，無法專注在應該專注的事物上。

「進入只能思考一件事的狀態」，正是專注原本的模樣。

除此之外的事情全部捨棄，進入無法思索其他事物的狀態，這就是專注。

如此一來，為了「專注」、為了變得「積極」，我們就必須做一件事。我想各位看到這，應該都知道了吧？

……沒錯，那就是——

選擇

自己想專注在什麼事物上，又必須割捨除此之外的什麼事物，這個取捨的過程本身正是專注絕對必要的條件。

我想請問各位，明明腦中想要專心，卻怎麼樣都專心不起來時，會不會是因為「想要專注的對象」不夠明確呢？

譬如，即使想要「專注在念書上」，但念書也有各種方式。所謂念書是想要預習課本，還是加深對課本內容的理解，又或是想要背誦課本呢？很有可能就是因為目標不夠明確，所以才無法專注在念書上。

另一方面，的確也有一些手段可以迅速又省事地讓人集中精神，例如排除掉手機、遊戲或電腦等「有可能妨礙專注狀態的因素」。

雖然相當原始，但令人意外地，這方法往往也很有效。

而說到為什麼有效，是因為沒有這些因素，我們的注意力就不會變得散漫。排除掉可能妨礙專注的事物後，就能夠全神貫注在一件事情上。

也就是說，這方法同樣是選擇了想要專注的事，而捨棄了除此之外的事物。

所謂專注，就是做出選擇。

我們必須選擇具體而明確的「專注對象」，並割捨其他的選項，才能做到真正的專注。

「選擇專注的對象」＝「設定目標」

說穿了，就是我們應該「設定目標」。

為了什麼目的而對眼前的事情拚命努力，又必須達成什麼樣的目標才能獲得成功……只有當我們能夠完整說出這些問題的答案時，才能找到「專注的對象」，也才可以對任何事物發揮專注力。

反之，若不是處在能夠看清目標的狀態下，那不論如何努力，都會因為其他事物而分心，或被其他的目的削弱注意力，最後無法順利提高效率。

「總之先加油看看！」或是「集中精神面對各種事情吧！」這些都不是有效的辦法，不如全心全意投入在某件下定決心要做的事情上，這才是專注應有的心態。

而為此，「設定明確的目標」就是不可或缺的步驟。

總之先設定好目標，找到必須專注的對象，確實地勾勒出輪廓。

如此一來，**就不會耗費心神在不必要的地方。**

這是為了專注，第一件必須完成的課題。

2 「設定目標」可以讓人心服

如果心中不接受就沒辦法持續專注

即便在「積極」這個文脈下，「目標」同樣也非常重要。

決定「為了什麼而積極」也是一種目標設定。在經過這個程序後，人的心態會更容易變得積極。而此處的關鍵字，就是「接受」。

我認為，**一切事物都需要的就是「接受」**。

如果處在不能接受的狀態，人就不會認真工作、讀書，當然也無法集中精神。

譬如，學生常把「不想念書」掛在嘴上。

學生們常認為「念書很辛苦，而且自己的專注力也不夠」。

我非常了解這種心情，但若是問這些學生：「那麼你有想過為什麼非得念書嗎？」或是「你心中接受念書這件事嗎？」等等問題，得到的答案幾乎都是NO。

大多數人都會回答：「我不覺得念書有什麼意義，只是因為別人都這麼說，我不得已才念書的。」

我在第0章提過「若有報酬大腦就會運作」，而這是與其完全相反的狀態，所以學生們才會變得不想念書。

無法接受，指的就是感覺不到某件事物的價值。在這種狀態下還想要專注，就腦部構造來說根本是不可能的。

因為「總覺得」而開始做的事，最後都無法堅持

例如我現在向各位說：「請練習揮棒一百次！」我想也沒什麼人會真的去練習揮棒。可是如果我說：「練習揮棒一百次就給你一萬圓！」那麼各位或許就會開開心心地跑去揮棒吧？

又比如，各位現在有個「成為棒球選手」的目標，為此必須大量練習揮棒。若各位接受這件事的話，就會勤奮地每天練習吧。

不論是金錢還是夢想，都是因為對揮棒這件事感到有價值，所以才願意付諸行動。

這與「專注」是相同的。

對自己覺得完全沒有價值的事變得積極，進而專注……這根本就是天方夜譚。若不能從目標中找到價值，讓自己心服，就不可能專注在某一件事情上。

很多說不想念書的學生從來就沒想過「為什麼我們必須念書」。只有思考過「為了找到某份工作必須進入特定的大學，而為了考上那間大學，現在念的書應該很有用」並打從心底接受的學生，才能對念書變得「積極」。

當目標與自己想做的事，或與自己想達成的夢想有所關聯時，各位自然就會變得主動積極。

雖然我在第0章說過「人類會去做沒有報酬的事」，但其實只要自己心中能接受那份「報酬」，即便是旁人看來沒有意義或沒有價值的事情，人也可以變得專注無比。

譬如參加志工服務或拿不到錢的活動時，只要心中有著「有人能為此感到開心就好」

或「這對我的將來很有幫助」等想法，就能積極地投入活動中，專注在眼前的事物上。

「在自己心中，一定程度上接受了那項活動」

這就是進入「積極」狀態的前提。

相反地，「不得已才做」或是「感覺似乎有什麼好處」等等輕率的心態不會讓人打從心裡信服、接受，畢竟目的並不明確，仔細想想這也是理所當然的。

這往往讓人拿不出幹勁，也就遑論變得積極了。抱持著「總覺得」的心態，不僅無法專注，心情也會變得相當散漫，最後就不了了之……各位應該都有過這樣的經驗吧。

為避免發生這樣的事，我們需要的就是「接受」。

因此為了「接受」，事先找出目標、目的就有著至關重要的意義。

這樣各位理解為了變得「積極」，我們需要「接受」的理由了嗎？
不過，看完前面的說明，應該也有不少人這麼想。

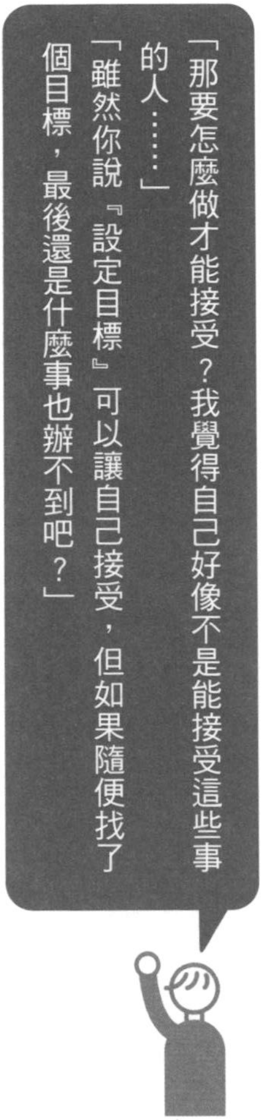
「那要怎麼做才能接受？我覺得自己好像不是能接受這些事的人……」
「雖然你說『設定目標』可以讓自己接受，但如果隨便找了個目標，最後還是什麼事也辦不到吧？」

我很能理解這樣的想法。

畢竟人不會因為一句「那就去接受吧！」就從隔天開始接受自己所有行動，而且就算說要「制定目標」，很多時候也不能輕易做到。

即使如此，我還是建議「制定目標」。雖然不見得能讓人徹底接受，但制定目標仍是非常有效的手段。

為什麼必須先確立目標

我們在制定目標時，必須「選擇」某件事當作目標。

無論是「完成四份功課」、「看完兩本書」或是「讓十個人感謝自己」都可以，總之必須先擬定一個目標。

不管這個目標的內容是什麼，或目標是不是妥協下的產物都沒關係，總之要自己制定出「行動的目標」。

明明可以制定其他目標，但自己心中卻做出了選擇，將某件事情當成目標。

也就是說，**在決定目標的階段，我們其實就已經在進行專注所必須的「捨棄」了。**

三份或四份都好，卻選擇了「五份」功課；一本或三本都可以，卻做出「兩本」這個選擇。捨棄了其他可能性，只專心致志在某一個選擇上。

這與前面所說「專注」＝「捨棄」的原理是相同的。

這邊希望各位不要誤會的是，真的能「照著目標走」是相當罕見的情況。

說得極端一點，就算不照著目標走也完全沒問題。真正的重點在於，**「事先決定」**

這個行為，正是「設定目標」的本質。

各位知道「決心」的英語怎麼說嗎？

答案是「determination」。

各位有看出這個單字裡包含「term」這個字根嗎？

「term」有著「決定範圍」或是「終止」等意思，如「第1 term」或「第2 term」指的是某個範圍內的期間，而「terminal」的意思則是電車、公車的發車站與終點站。

電影《魔鬼終結者》的英語「Terminator」的「term」也相同，形容劇中主角「是終結一切的人」。

「term」是用來表示「決定某個範圍、終止某件事情」的詞語。

那麼「determination」決定的是什麼「範圍」呢？

答案是「心」。

正如「決心」一詞所示「決定自己的心」。

拋棄自己心中的煩惱，「終結」範圍不明確、模稜兩可的事物。

割捨籠統而無法定形的思考，讓範圍更明確，這就是「決心<determination>」的真正意涵。

換句話說，「設定目標、做出決定」與方才所說的「捨棄」是同一件事。為避免分心，而捨棄心中其他事物。

到了這一步，才終於能專注在某一件事情上。

我以前總用「來讀個數學好了」或「來學一下英語吧」這種輕浮的心態，毫無目標地進行學習，這時候無論我怎麼做都無法專注。

相反地，偶爾我會抱持「今天解三個問題」或「好好複習這一課的英語」等等具體的目標，這時候我的專注力就會達到高峰。

而我認為，**沒有目標、散漫地做事是一種被動的狀態。**

第0章裡我曾提到「主動的行為才能產生價值，主動的心態才能夠專注」，而「接受」

就是一個讓自己能夠打從心底那麼想的重要手段，為此我們必須主動制定目標，而非被動地等待他人給予目標。

最後「制定目標」、「下定決心選擇」等，正是自己主動做出選擇的證明。

譬如當上司指派工作時，

- 「把這件事給我做好！」被指示才做的工作
- 「接下來該怎麼做」與上司商量後，自己決定的工作

哪一個能讓你做得更起勁呢？

……我想，應該是後者吧。

即使前者與後者的工作本身完全相同，但與他人一起思考並親自做出選擇，應該會讓人更有動力投入其中。

前者與後者的差別，就在於「自己選擇」這個過程。

兩邊在「工作」這個點上都一樣，但自己選擇工作，跟他人要求你工作，這之間有著巨大的差異。

若是受到他人指使才工作，當工作不是很順利時，就可以將過錯全部推托給上司，因為那是上司命令的。

而且因為是上頭的人給予的工作，即使工作順利進行，自己也不會感到心服。

然而若是自己做的選擇，責任就在自己身上。

此時無法推托給上司，就算心裡覺得煩悶，結果也只能說「畢竟是我自己選的」自己認栽，讓自己能夠心服。

不可思議的是，前者即便說是「他人強迫的」，但讓自己置身在那種狀況的正是自己，因此廣義來說算是「自己選擇」了那種狀況；而後者因為是與上司一起做選擇，所以也不能說是100％自由地靠自己做出選擇。也就是說，在這兩者之間本來應該沒有那麼大的差異。

縱然如此，經過「自己選擇」這道程序，才會感受到「自己的責任」，並從心底接受目前的情況。

由此可見，不論是多麼小的事，**人類都會在「自己做選擇」這個過程中感受到自己的責任，並獲得內心的接受。**

相反地，若沒有這個「自己做選擇」的過程，人類就無法專注。

選擇，就是這麼特別的行為。

根據最近的研究顯示，**人類在一天中能夠選擇的事物數量似乎有其上限**，大約是三千件左右。

蘋果公司創辦人史蒂夫・賈伯斯平時會買好幾件同樣款式的衣服，每天換穿一樣的衣服，據說這是為了不浪費時間，在沒有意義的事物上做選擇所得出的結果。避開沒意義的事情，只在真正重要的事情上做選擇，並為此多費心思。「選擇」或許有著某種特別的力量，值得人們為此追求。

這麼一想，「選擇」的確是自己主動進行的行為。

若非自發性的，那就不可能稱得上是做出選擇。

我在前面的篇幅已多次述說主動更容易讓人專注，而實際上就連最不起眼的選擇，都能發揮主動的效果。

很多決心或目標設定不見得是攸關人生的大事，卻正是「自己做選擇」這個過程。

我們必須從自己心中無數的「煩惱」或「目標」中，選擇唯一一個選項。

請容我反覆說明，所謂目標設定，就是「選擇」，也是「捨棄」。

思考「為了目標我要做這件事！」代表著自己不為了別的，就只為了這個而努力。這同時也表示我們必須決定一個目標，並捨棄除此以外的事物。

即使無法達成這個目標，或這個目標有什麼錯誤，但仍然經歷了「自己主動做選擇」這個過程，所以我們才能夠專注。

各位覺得如何呢？

「找出明確目標」是一件選擇要對什麼專注，並打從心底接受，讓自己心服的行為。

基於這個原理，接下來我想進入「找出明確目標」的實踐篇。

實踐篇 ❶

找出明確目標

決定一個數字

從本節開始，我將介紹找出明確目標的技巧，不過其實這非常簡單。真的只要做一件很簡單的事，就能制定一個好的目標。

那就是「用一個數字」決定目標。

像「下次我要考八十分！」或「這本書我要讀三十頁！」這樣，只要在設定目標時放進一個數字就好。各位或許會有疑問：「什麼？只要這樣就好？」但其實這是最快速有效的方法。

之前我曾做過一項有關專注力的實驗。

我請兩位學力幾乎相同的學生協助我，我對其中一人說：「下次考試加油，考一個更好的分數看看吧。」對另一人則說：「下次考試加油，考八十分看看吧。」

結果，前者考了五十八分，後者考了七十六分。

雖然後者並未達到八十分，但就結果來說，確實考得比只想著考好分數的另一位學生更好。

我認為這是因為「用數字標示出明確的目標更能夠專注」的緣故。

我詢問那位打算考八十分的學生，他告訴我：「為了考八十分，我可以忽略那二十分，並把精力全部集中在未滿八十分的地方」。

相反地，當我詢問只有著「好分數」這個籠統目標的學生時，他則回答：「為了考到更好的分數，我念了很多範圍的書。」

從這兩人的專注度來看，「拿到這個分數就能達標！」這種具體的目標可以令人更加專注。

正因如此，即便結果沒考到八十分，仍然考了個不錯的分數。

而且這個方法並不限於念書。

設定目標時不是「今天完成很多工作」而是「今天完成五項工作」，不是「快點讀完這本書」而是「在三天內讀完這本書」。

這麼做就算結果沒能完成五項工作、沒能在三天內看完書，但都比沒有設定數值的目標更能大幅提升專注力，得到更好的成果。

這是因為，**具有數值的目標比其他目標更明確，能更快地進行「捨棄」。**

「很多」過於抽象，不論三項、六項、九項都比「很多」更好，即使如此還是選擇了「五項」，並集中精神完成這「五項」工作……。

這代表我們捨棄了其他選項，只專注在這「五項」工作。

設定的目標中若有數字，就能制定更詳實具體的目標，也能夠更俐落、明快地捨棄其他不需要的雜事。

不僅如此，「具體的數字」更帶有一種神奇力量。

舉個很勢利的例子，**最能讓學生提起精神專注念書的一句話，就是「試著換算念書的時薪」。**

先請學生計算如果想讀高於自己目前程度的大學，需要多少念書時間，再接著計算不同大學的平均生涯年收。

雖然父母或老師常將「念書對將來很有幫助！」或是「將來可以靠念書賺大錢！」等等建議掛在嘴邊，不過我想應該沒有人真的基於現實數據去計算，自己現在念書這件事到底有多少經濟價值。

實際計算後，可以知道念書的時薪大約落在二～三萬日圓左右。

假設要進入比目前的自己高一個層級的大學，大約需要兩千小時左右的時間，而年收差距則為一百萬日圓～一百五十萬日圓左右。

接著假設工作要持續四十年的話，那麼計算起來就是——

100萬日圓×40年÷2000小時＝2萬日圓

150萬日圓×40年÷2000小時＝3萬日圓

大概是這種感覺。

聽到這個數字，大多數學生都會湧起幹勁，全神貫注埋首書堆之中。

學生會說：「雖然大人常講『念書很好』，但實際看到念書的價值化為真實數字，就更有理由努力念書了。」

金錢這個目的化作具體的數字時，就具有無與倫比的力量。

當然這是否真是件好事，我想是褒貶不一的，念書也能為金錢以外的許多事情帶來好處。即便如此，決定一個明確的目標，可以讓人更加專注在課業上。

所以我推薦「在目標中放入一個數字」。

三頁、五題、十二項工作，或是三天、一年都好，只要放進一個數字，即可大幅提升專注力。

總之先選出一個數字，我想更能積極著手進行眼前的課題。

然後在此之上，**我也非常推薦從長遠的眼光，設定一個具備未來性的目標。**

不清楚該設定多大的數字時，那就從「長期目標」回過頭來擬定短期的目標。

換句話說，先制定一個長期的目標，思考為了達成目標所需的數字，再倒推回來，算出眼下短期目標所需的數字。

例如先思考「為了考取這個證照，必須要讀完多少本參考書」，接著除以到考試當天剩下的天數，最後就能得到「如果每天不讀二十頁，就無法完成三本參考書」的答案。

或比如心中有個「將來想變成有錢人」的夢想，這時可以先思考具體來說財產應該要有多少數字，接著再拿「時薪」回推計算……這與剛才的做法很相似。

這麼一來，就會產生一個某種程度上算是適當的「數字」。而這個適當的數字……亦即「能夠接受」的數字，便可以拿來設定成目標。

譬如我重考第二年時，曾將「解開過去五十年的考古題，製作分析筆記」當成目標。

因為我打算在八個月內達成這個目標，所以五十年份÷八個月等於一個月要完成六～

七年份的考古題。

很多人驚訝於我真的花八個月解開這麼多題目，但我自己卻沒有強迫自己的感覺。

雖然「五十年」是個聽起來很嚇人的數字，但腳踏實地累積數量，這個目標其實並沒有多麼困難。

所謂設定目標就是這麼一回事。不需要一天完成一切工作，只要逐步、有耐心地完成每天設定的目標即可。

或許有不少人對「專注達成某件事」的印象是「短期內集中精神，拚命努力，一口氣完成目標」，不過我仍建議首先應該站在長遠的眼光上思考，再制定周全的計畫。

這個方法還請各位也嘗試看看！

實踐篇❷

找出明確目標

選擇一個指標

為了讓目標更明確，我還推薦**選擇一個指標**這個方法。

前面已經數度提及「專注」＝「選擇取捨」這個概念，不過我們還得再更徹底一點。

令人意外地，「什麼都想要，結果什麼都無法專注」這個問題其實相當常見。

譬如為了下次會議整理資料的時候，各位會以什麼為優先呢？

是在用字遣詞上更謹慎，讓資料看起來更好理解？

還是盡可能搜集詳實的資料，以便回答發問者的各種問題？

又或是設計出精美的版面，方便聽眾了解資料內容？

或許問十個人，十個人都有不同的答案，也有人會追求所有優點，讓資料盡善盡美。

既要簡潔有力，又要詳盡完整，還要注意版面設計，再加進其他優點……如果像這樣試圖在各種細節上都努力，反而會不知道到底該對什麼發揮專注力。

念書也是相同的道理。

如果念書的目的明確，如「死背這個範圍」或是「總之先掌握整個脈絡」等等，那麼努力就容易開花結果。

相反地，如果只是覺得「只要讀完這本課本，應該就能提升學力吧」，那麼往往再怎麼努力也沒有什麼明顯的成果。

這是因為，這樣念書的人不知道讀教科書時要將重點放在哪裡，結果只能東讀一點西讀一點，什麼內容也讀不進去。若要死背就死背、複習就複習、想掌握脈絡就掌握脈絡，不好好決定一個目標是得不到效果的。

我對這點非常有經驗，因為我以前也是這種「散漫讀書」的人，而這種方式一點效果也沒有。

我當時只是呆坐在書桌前，沒有明確的目標，所以怎麼念書也沒有效果，只是讓時間白白流逝……

各位是否也有過這樣的經驗呢？

在前一節我說到「用一個數字決定目標」，不過此時若有多個可用數字測量的指標，那就會變成「沒有做出選擇」的狀態。

同時追尋多個目標的行為是非常辛苦的。

如果處在像是「想解開更多題目、想提高分數、想縮短時間……」這種目標很多的狀態，最後不管做什麼往往都只會半途而廢。這就是「魚與熊掌不可兼得」的道理。

因此重要的是先決定一個指標，**並只要追求這個指標就好**。如前面整理資料的例子，若想追求「簡潔」就先追求簡潔，想追求「詳盡」就追求詳盡，若想追求「版面美觀」就先追求版面美觀，不論什麼都好，總之先鎖定一個目標。

努力進行多項事物並非良策。請鎖定其中一項，先致力於這一項事物上。

而此時我建議，**向自己宣示要努力什麼**的方法。

把「版面美觀」等等寫在便條上，貼在自己平常視線所及的地方。

如此一來，就能掌握自己現在正專注進行哪一項事物。

「咦？不過這樣子，不就只能追求一件事情嗎？」
「我還是想在各個方面都努力……」

或許各位會有這樣的疑問，不過沒問題。

在專注完成某項目標後，接著決定下一個，再開始努力即可。

做好版面設計後，接著充實資料詳細度，接著再追求簡潔……像這樣不斷選擇下一個要努力的目標即可。

簡單來說，不要同時做好幾件不一樣的事情，應該先決定該專注的目標，等完成目標後再選擇下一個目標。

我們沒辦法同時攻上好幾座山頂。

先爬完一座山，才能接著前往挑戰下一座山。

一來一往間，我們就能攻略許許多多的山巔。

讓指標單一化，並親自做出宣言，努力不懈。光是這麼做，就能大幅提升專注力。

還請各位多加嘗試這個方法。

實踐篇 3 讓內心接受

前面說到，為了變得積極，「接受」是必要的手段。如果要再說得詳細一點，就是指「找尋自己心中可以接受的事物」。

前面也同樣提過，「專注」＝「短期內認真努力，勉強完成目標」這種做法其實是沒有太多效果的。靠著一些小手段，猛喝能量飲料，勉強自己努力，這些都不是本書提倡的「不用勉強自己的專注法」。

想要發揮長期又有效的專注力，絕對必要的就是面對應該專注的對象時，自己是否自主地產生了動力。

進一步說，為了使自己有動力去完成目標，所需的就是「接受」。

人類無法長時間實踐「心中不能接受的事」。

若自己心中在某個程度上不能「感受到價值」，就不可能持續做某一件事。

說到「必須接受」這個想法，恐怕會得到這樣的反駁。

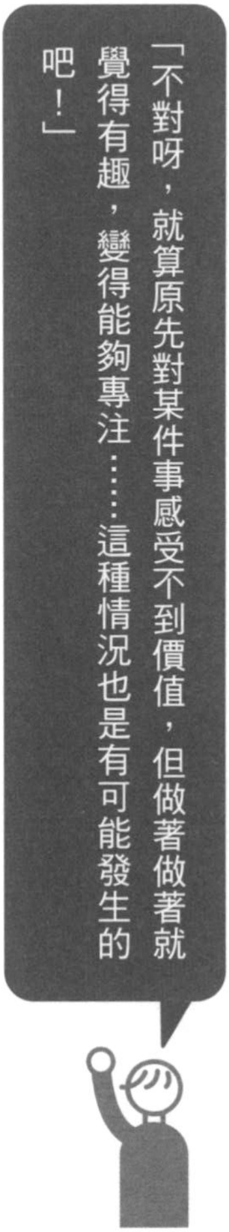
「不對呀，就算原先對某件事感受不到價值，但做著做著就覺得有趣，變得能夠專注……這種情況也是有可能發生的吧！」

是的，確實沒錯。

人類當然也可能在實踐的過程中開始接受目前的狀況。

雖然一開始會感到不安，感受不到價值，但實際做下去卻發現意外地有趣，能夠發揮專注力……應該有不少人都有這樣的經驗吧。

的確有可能在起步時沒有辦法接受，最後卻可以集中精神。

然而即使是這種情況，也只是在過程中變得能夠接受，而不是指心中明明沒有接受卻能夠專注。

倒不如說，正因為努力在過程中發現樂趣，並積極尋找讓自己接受的理由，才能夠使自己變得更加專注。

而且更常見的其實是很多時候，我們不得不對根本不想做的事發揮專注力，沒錯吧？

以下只是我個人的臆測：我想各位讀者，或許大多數都是想知道**「到底該怎麼做才能專注在不想做的事上」**才翻開本書的吧？

我認為應該沒多少人會發生「我超想做，但完全無法專注！」這種狀況。這是因為，

「想做」這句話反映了心中某種程度上已經發現了價值，心中已經接受了。

若在這種狀態下還不能專注，恐怕是其他的要素干擾了專注力吧（我會在第95頁說明這種情形的原因）。

為了變得積極、專注，重點在於「自己心中接受」。即使是「不想做的事」，也從中找到了某種形式的「價值」。

不過這裡的困難之處在於，**人類分成右腦型與左腦型**。

譬如，各位是否遇過「道理能接受，但情感上不能接受」這種狀況？

「我知道我該讀書，但就是沒有幹勁」或是「我知道這是我必須做的工作，但就是無法喜歡上工作」等等，常出現這種狀況的人，都是用「右腦」來衡量事物的人。

右腦是進行「感覺性、感情性思考」的器官。

右腦司掌理論無法說明的事物、靈感與直覺。

當然，也有些人的想法是「跟情感無關，我就是不想做在道理上無法認同的事！」例如「周遭的同事都為了下期的目標而努力，但我無法接受那個目標，不想附和大家」或是「雖然我情感上想試試看，不過這完全不是合理的判斷，所以我不做」等等，應該也有人是這種思考模式。

而這就是用「左腦」來衡量事物的人。

左腦是進行「理論、合理的思考」的器官，以邏輯而非情感來輔助人類進行思考。理論與情感、合理與不合理，這之間沒有什麼對錯之別，就事實而言人類都會從這兩面來衡量事物。

正因如此，所以世界上存在著光只有理論就無法完全接受的人，以及光只有情感就無法變得積極的人。

重點在於，確實掌握自己究竟是哪種類型的人。

若各位現在為不能專注所苦，那就試著回答下列問題。

Q1 獲得他人的讚美時……

A 如果是獲得「很好玩」、「很有趣」、「很開心」等感情上的讚美會比較開心。

B 如果他人用明確的話語與邏輯稱讚自己「哪裡很好」會比較開心。

Q2 別人想說服你時……

A 用「大家都很困擾，只能拜託你了」等感情上的理由說服你，你才會有幹勁。

B 用「這是為了你的將來好」等合乎道理的理由說服你，你才會有幹勁。

Q3 想做出什麼行動時……

A 想做「看起來比較開心」的事情。

B 想做「做這件事後會變這樣」等脈絡明確且合乎邏輯的事情。

A比較多是右腦型，B比較多是左腦型。

雖然這會有模糊地帶，不過在自問自答的過程中，應該能夠了解自己的哪一種傾向比較強。

還請各位試著問自己看看。

專注這件事，若不先了解自己就很難做到。

當自己身體狀況欠佳時，就沒辦法集中精神吧？

同樣地，若自己處在精神無法集中的狀況時，當然就無法專注。正確了解自己的狀況是最重要的步驟。

先了解自己到底是什麼樣的人，是邁向專注的第一步。

當各位掌握自己是哪種類型的人後，就可以往下看看適合不同類型的專注方法。

左腦型▼
用合理的思考接受眼前的事情

方法1：試著從剛剛的「目標」倒推回來思考
方法2：設定報酬，為行動製造出合理性

若想要合理地接受目前的狀態，最好的方法之一就是**從目標回推思考**。

即便是不想做的事，但只要有「這是為了自己的目的必須做的事」等合理的理由，就能讓自己心服，一定程度提升自己的積極性。

譬如「雖然這份工作誰都不想做，但長遠來看，若能先完成這項工作應該會更好」等等思考方式。

若是左腦型的人，只要能想到這個層面，應該就能讓自己變得更積極。

此外，另一個好方法就是**為眼前的事設定報酬**，簡單來說就是給自己的「獎賞」。自己創造出完成作業後能夠得到的獎品。

說不定有人會產生「靠這種事真的能夠專注嗎？」的疑問，然而出乎意料地，這招相當有效。

再怎麼小的獎賞，譬如吃個點心、看一下YouTube等等，光是有報酬的存在，就能驅使人類努力不懈。

這也可以說是一種「高潮起伏」。前面我們提到「專注＝限定範圍」，那麼給予獎賞這個行為就是劃出一條「線」，區隔出「努力至今」與「接著繼續加油」兩個不同的範圍。

準備「獎賞」就是劃線最簡單方便的一種方法。乍看之下，給「獎賞」並非合理的做法，不過本質上卻是「劃線」的行為，其實是相當合理的。

右腦型▼
思考讓情緒高漲的手段

方法1：借用音樂或興趣的力量提振心情
方法2：設定對手，努力讓自己保持競爭心

接著是關於不合理的專注手段。

我在第0章提過，專注原本是種不合理的行為，這個說法所言不假。欺騙自己的大腦，在合理性之外另行設定報酬，讓大腦進行運作，這就是右腦的處理方式。

此時不容小覷的，是音樂的力量。

聽音樂時情緒會變得高昂，這是腦科學領域已經證實的現象。

據說過去戰爭時，軍隊會演奏音樂提高士兵的士氣，同時大幅提升士兵的專注力。

音樂是當你想要專注時非常可靠的工具。

製作自己專用的專注ＢＧＭ清單是我非常推薦的方法。把自己最喜歡的音樂放進「專注ＢＧＭ清單」中，並在心裡設下「播放音樂後就集中精神做事」的規則。想要保持專注時，就循環播放這些音樂即可。

也有人是聽到音樂反而會分心的類型，其實我也是。即便如此，這個做法還是有效。之所以這麼說，是因為我們可以藉由這個方法，從完全不專注的狀態，進入稍微專注一點的狀態。一下子也沒關係，試著借用音樂的力量吧。

接下來就很簡單了。如同從坡道上稍微把球往下推，當球滾動一段距離，就能自行繼續滾動下來。

我所推薦的，就是在一開始的階段用音樂進入專注狀態的方法。

總之先用音樂的力量到達專注狀態，待情緒高漲後再一口氣努力。我自己也很常用這個方法。在剛開始進行作業時播放音樂，變得專注後，音樂就顯得有點干擾精神了。

而這個時候，就是專注力最穩定的狀態。

我的另一個方法，就是**激起競爭心這種全然不同的感情**。從合理性的角度而言，這很難產生什麼報酬，不過「不想輸給他」、「想贏得下次勝負」等等想與某人競爭的心態，就算不合理也具有成效。

比起合理又具邏輯的說明、比起高尚的情操，其實光靠「想贏過他」這種純粹的鬥爭心、競爭心，出乎意料地能催生強大的動力。

我也曾有過因為對手的存在而提升專注力的經驗。

以東大為目標努力念書時，一開始我沒有朋友，也沒有能夠彼此切磋的勁敵。不過後來我在補習班認識朋友，彼此成為一起努力考東大的好對手，我才激起「不會輸給你」

的競爭心，終於能全神貫注在自己的課業上。

人類並沒有強大到能僅憑自己力量就往前進。我認為人類不可能只以自己的感情度過人生、獲得成功。

不管心意如何強勁，「想變成大富翁」這種只為了自己的想法，恐怕都無法持續太久。我起初也只抱持著「想考上東大」這種個人的感情。

不過，**在有幸遇到勁敵並一起努力的過程中，也多了許多考上後能為自己感到開心的朋友，而為了回報他們的友情，我的心中也萌生絕對不能落榜的熱忱。**

人類不只以個人的感情，也受到周遭各式各樣的影響而活著。這些「周遭的影響」都能活用在自己的專注上，其中最明顯也最方便的，就是「競爭心」。找到能互相競爭的同伴，並思考如何勝過對方……善用周遭環境好的影響，就能提升專注力。

各位覺得如何呢？請利用這些技巧實踐看看吧！

3 配合自己的等級

重要的是循序漸進

前面已經介紹了「找出明確目標」與「接受」這兩個可以積極專注的方法。

這兩個方法必定可以發揮作用，但有的時候即使能做到這兩件事，也不見得就能夠專注。

這並非是方法錯誤，只是單純因為所需的技巧還不夠而已。

在本節，我將介紹能夠更進一步強化技巧的好方法。

明明處在「目標決定好了，理性與感性上也都接受了」的狀態，卻還是無法專注……各位或許都有過這樣的經驗吧？

其實這原本是不可能發生的事，但現實中確實存在「道理我懂，但就是提不起幹勁」或是「我也不知道為什麼，就是無法專注……」等情況。

這個時候，我首先會懷疑這是**等級感的問題**。

譬如我們運動前會做暖身運動，因為若是突然激烈運動，身體可能會無法跟上運動的強度，所以必須讓身體做好準備。

又比如，為了學會游泳，首先要先適應水性。經過在水中開眼、持浮板游泳的訓練，才能夠真正學會游泳。

萬事都不能在一開始就追求完美，必須穩紮穩打地配合自己的階段、步

驟、等級來實行。

想要專注卻失敗的人，問題往往都是出在這一點上。

沒做暖身就立即開始激烈運動的話，身體當然無法跟上，更遑論專注了。

就像完全不會游泳的人不應該剛開始就想跳水，等級尚未提升就想按照游泳選手的課程來訓練當然是不可行的，更別說專注投入在練習技巧上了。

重要的是循序漸進。

先從簡單的開始，再慢慢提升難度。心中有這樣的信念，我們才終於能夠發揮專注力。

A接著是B，B接著是C，C接著是D……專注應該像這樣進行。想一開始就跳到

G或是X，本來能專注的事情也無法專注了。
最好理解的就是看書了。各位是否有過「這本書好難，讀不下去也無法專注」的經驗呢？

常有人問我：「像這種時候你是怎麼專注的？」但抱歉，這我做不到。
感到「困難」又想把書讀下去這種行為，就像一開始就想挑戰X而不是A、B，完全無視自己的等級。
這樣當然讀不下去，更不用說專注了。

理所當然地，困難的事情就是困難。
沒有人有辦法一開始就做困難的事。在挑戰難關之前，我們必須按部就班、穩固基礎，才會有足夠的能力。

因此**我建議「從簡單的事情開始做」**。

如果覺得書很難懂，恐怕是「準備」還不足夠。

先看更簡單的書了解背景，或是先學習前提知識，總之必須先做好準備。

這世界上有些事情是「具備知識才會覺得有趣」。

在惡搞其他作品的創作中，必須事先知道其惡搞的對象，才會了解趣味所在；在閱讀文學作品時，若了解作者的性格、筆風，就更容易抓到作品的精髓。

我想若可以事先了解這些前提，才能更專注地投入在作品的世界中。

如果各位無法專注，或許是弄錯了順序。

很可能是太早挑戰想要專注的對象。

這時候我們所需的，是先從更簡單的事情開始，做好專注前的準備。

請各位試著思考。

「是否還有更簡單的目標？」

「為了專注，是否還有需要準備的事？」

起初先刻意從簡單的事情開始

「先從簡單的事情開始」不只是等級的問題。

我建議各位「起初先刻意從簡單的事情開始」。

譬如念書時抱著「今天要解開這個難題！」的想法，想從困難的事情開始做，其實是門檻很高的挑戰。

我會建議從輕鬆、簡單的事開始，例如「先復習上一次學的範圍」或是「先把幾個單字學起來吧」。不要一開始就直接著手學習困難的問題或單字。

這次為了撰寫本書，我詢問許多東大生「你是如何做到專注？」或「你如何進入專注狀態？」等問題。

而他們最常回答的是**「先從簡單、輕鬆的事情開始做」**。

東大生如各位所想像的具有相當優秀的「專注力」，然而這並非是受人指使，也不是自己刻意為之，而是自然發揮的能力。如前所述，這就是所謂的「積極」。

簡單來說，「積極」的狀態就像把球放在坡道上方，只要稍微施力就能快速不斷地往下滾落。

不過此時也會產生一個問題，那就是「要怎麼樣從坡道上施力？」。只是把球放著，球並不會自己滾動，必須要有某人施以某種力量才會往下滾。

如果前面所提到的「找出目標」或「接受」等方法都進行得很順利，那麼只要簡單推一下，球就會自己往下滾。

因此最重要的，就只有最初的一步「該怎麼施行」這點。

而「先刻意從簡單的事情開始」就是答案。

譬如念書時，「稍微複習一下昨天的內容」應該不會讓人覺得門檻很高吧？同樣地，「先試著從簡單的問題開始解題」或「在閱讀前做好準備，大致了解一下前提知識」也都不是太困難的事情。

請各位不要搶著做高門檻的挑戰，請先從簡單的事情開始。

這邊我建議可以採用「事先留下一點課題」的方法。

譬如工作或念書時，做到「還剩下一點就能結束」的地方，留一些課題到明天。接著隔天早上拿出幹勁，準備專注在工作或課業上時，就先從「昨天留下的一點工作或課題」開始做。

與其從零開始，延續之前的進度門檻更低，而且也更容易專注，讓自己有「再努力一下就可以結束這件事，總之先認真做完它吧」的想法。

然後利用這股活力，著手進行新的事情。

如此一來就能自然而然地思考「接著做下一件事」，不知不覺間就能變得無比集中。

第1章的Point

- 抱持「專注＝捨棄」的心態。
- 設定目標，確實鎖定專注的對象。
- 人無法專注於沒有真心接受的事情。
- 「設定目標」可以幫助自己接受。
- 重要的是「用數字決定一個目標」，並「選擇一個指標」。
- 不要勉強，配合自己的等級。
- 先從簡單的事情開始。

Column 1

右腦派與左腦派

同時活用右腦與左腦吧

右腦與左腦。

這裡並不是要指出這兩個器官哪個比較優秀，或我們必須要訓練哪一個。我想說的是，只要善用這兩個腦，就能持續發揮專注力，拿出最好的成果。

譬如常有人說，不論任何事情，一開始要實踐時，都必須透過右腦來進行思考。不是用「這麼做比較好」等邏輯與理論，而是用自己的情感，抱著「我想這麼做」或「這樣做好像比較有趣」的心態來思考，順利進行的機率才會更高。在念書時，「今天必須要讀數學」或「自己的英語還不夠強」等想法雖然也很重要，但在初始階段，先從自己比較有幹勁的事情開始做會更好。像「今天就是想讀數學」或「好想讀英語」等等，選擇自己那天比較有興趣的事情開始做，更能夠發揮專注力。

當結束自己有興趣的事情後，應該就有足夠的專注力，來實踐自己真正應該要做的事情。

相反地，想要說服別人或撰寫文章等需要接觸他人時，活用左腦能夠讓事情更順利，也能發揮專注力。對某人進行說明或闡述某件事情時，雖然也有必須訴諸熱情的時候，不過更重要的是建構理論，用邏輯清晰的方式說服對方，讓對方沒有反駁的餘地，才能順利把想說的話傳達給對方。

就算有個人慷慨激昂地說：「應該這麼做！」各位也不見得就會認同吧？如果要打動一個人，需要的其實是清晰的條理與邏輯思維。

而為此，左腦就是至關重要的器官。當重視邏輯勝於情感可以讓事情更順利時，這時的我們也就更能夠全神貫注，專注在一件事情上。

情感優先還是邏輯優先，這必須先仔細思索自己究竟是重視情感的人，還是重視邏輯的人，才能夠進行選擇，接著學會活用這兩種觀點，最後才能獲得成果。如果只仰賴情感，就跟動物沒什麼兩樣；而如果只依靠邏輯，則與機器人無異。為了發揮像個人類般的專注力，還請各位同時活用這兩種思考。

順帶一提，我是右腦型的人。我常常感情用事，很多時候我都在反省這點。不過像這樣撰寫文章，告訴各位我的想法時，我會努力用具備邏輯的方式闡述我的觀點，而這樣我也比較能集中精神。活用左右腦的做法，還請各位實踐看看。

保持「積極」的方法

想保持「積極」的心態，
最重要也最「主動」的關鍵，
就是增加輸出的量。

第 2 章

1 東大生喜歡念書的理由

持續＝樂趣

我在第一章已經說明了「想要變得積極應該怎麼做才好」的方法。

接下來我要延續這點，進一步說明「為了保持專注狀態應該怎麼做才好」的方法。

常言道「堅持即是力量」。

對人類而言，想在一瞬間聚精會神是相當簡單的事。只要擁有充足的幹勁，大多數的事情在一開始總能夠順利進行。

但是，能否持續下去則完全是不同層次的問題，甚至可以說，持續是最難做到的事。

有句話叫「三分鐘熱度」。即便一開始可以專注，但專注力會隨時間慢慢減退……這是許多人都曾遇到的問題。

在本章中，我想把焦點放在「持續」這件事上。

「到底該怎麼做，才能堅持下去？」

這時候，最好的辦法就是「找到樂趣」。

我想各位都有過這種經驗：打最喜歡的遊戲、看有趣的電影、看精彩的漫畫或是與喜歡的人聊天時，覺得時間一下子就過去了。

因為感到有趣而能專注，即使一個小時也感覺像是一瞬間。

這個時候的我們，的的確確處在專注狀態中。

最能集中精神的瞬間，也最能延續這段時間的方法，就是從中找到「樂趣」。

不過於此同時，應該也有人會這麼說。

「就算你這麼說，可是我現在要做的事，是我絕對無法從中找到樂趣的事啊。」
「我當然知道有趣就會專注，但就是做不到才感到困擾啊！」

我非常了解這種感受。

我也有過完全無法從念書中得到樂趣，與念書苦戰許久的經驗，所以我相當了解「無法感到有趣」的煩惱。

但是關於「樂趣」，其實我們可能搞錯了一件事情。

我曾經向一百位東大生做過這樣的問卷。

「您覺得念書有趣嗎？您喜歡念書嗎？」

對這個問題，回答「有趣」的學生多達73％。

看到這個結果，我確實曾想過：「原來如此，東大果然還是要對念書有興趣的人才能考上啊。」然而在我做了另外一份問卷後，這個認知完全被顛覆了。

包含國中與高中的升學考在內，針對「在認真開始念書前是否覺得念書有趣？」這個問題，僅有33％的東大生回答「覺得很有趣」。

也就是說，**在面對考試、認真念書前，東大生也不覺得念書有趣**。

會覺得念書有趣，是認真開始念書後才發生的現象。

請各位回想一下自己喜歡的事物（運動或遊戲等等任何興趣都可以），你是從什麼時候開始喜歡上這項事物的呢？

雖說這只是我的臆測，不過我想應該沒有人是在接觸前就覺得「這個運動超好玩！

我好喜歡！」吧。

我想大部分的人都是**接觸後才感覺到有趣**才是。

相反地，假設各位的興趣是網球，那麼當沒打過網球的人跟你說：「我超討厭網球，因為球打不到想要打去的方向，再怎麼努力也沒意義，我完全不知道哪裡好玩。」你會做何感想呢？

應該會想吐槽「你應該先認真打過網球再來講這種話」吧。

找出樂趣的關鍵是「輸出」

存在於世界上幾乎所有事物，都是**「做過才能感受到其價值」**。

沒有任何事在做之前就會讓人感覺到樂趣，反過來也可以說，對於所有事情「每個人都可以在進行過程中找到屬於自己的樂趣」。

在《摩登時代》這部電影中描寫了這樣一個場景：正做著單調工作的查理．卓別林雖然一開始覺得很無聊，不過做著做著卻慢慢感受到某種快感……。

我們專注的過程與此完全相同。

做了才發現有趣之處，接著慢慢變得想要繼續做下去。

樂趣往往都是實踐後，我們再從中發掘出來的。

這麼一想，為了了解持續專注狀態所需的「樂趣」，總之先試著做看看就是最好的辦法。

再說得詳細一點，我認為**「試著輸出」**是最好的方法。

所謂輸出，指的就是試著開始行動，親自動手這件事。

不光只是讀書獲得知識，還要實際利用這份知識來解決問題。

若用運動來比喻，就是不要只記住規則與動作，也不要紙上談兵，最好是親自下場試著做看看。

為了學會游泳，先在陸地上練習游泳姿勢也不錯，但更重要的是進入水中，掌握身處水中的感覺。

說不定這時候你還不會游泳，或是只學會狗爬式而已，但這麼做更能適應水性，找到游泳的「樂趣」。

總之先採取行動，實際做看看，才能了解到真正的「樂趣」。

2 輸出是專注的強力夥伴

比起輸入，更重視輸出

我在前面推薦了「輸出」這個概念，而「輸出」對「專注」來說是非常重要的行為。
舉個例子，對各位而言，以下哪一種方式比較能夠專注呢？

- 閱讀數學課本
- 做數學習題

針對這個問題，我想大多數的人都會覺得解題比看課本更能專注吧。

比起閱讀或聆聽他人說話等「輸入」，人類更能對解題等「輸出」發揮專注力。

之所以如此，**是因為輸出這件事，就是正在進行第1章所提到的「選擇」。**

像是看書時要針對什麼部分看，或是要發揮專注力在對方的什麼話題上等等，輸入時決定一個目的其實不是一件很容易的事。

相反地，像解題這樣有著一個明確目的時，就應該能集中精神去實踐這個目的。

而輸出，則可以留下記錄。

「看書」或「聽人說話」不論做多少次，都比較難以了解自己到底「做了多少」。「看書」、「聽話」不表示自己會了什麼，在結束後也不會留下具體的記錄。

然而另一方面，解題或做筆記等等，這類輸出可以清楚地在眼前留下某種形式的記錄或數據。而且，輸出時所需做的事非常明確。

至於前面所提到的「目標」，若是輸入就比較難以設定目標；相反地，輸出可以很方便地用來設定目標。

例如「看3頁書」，這個目標在每個人的想像中都不盡相同。

有些人可能就只是如字面般隨意翻閱3頁，但可能也有人會看得很仔細甚至默背下來，而這兩者都是「看3頁書」。所謂輸入，比較難以想像到底該做到什麼程度。

不過輸出就很好懂了。

建立「解題」這種目標時，幾乎不可能發生每個人想像的都不同這種現象。

若目標是「解開3題」，那麼一百人中必定有一百人都能想像到一樣的指示。

相較於「閱讀」或「聆聽」，「解題」或「書寫」更能明確了解該做什麼事。

對東大生做「最能專注的科目是什麼？」的問卷時，最多人回答的是**數學**。

無論是文組還是理組，大多數人都認為數學是最容易專注的科目。

我想這一定是因為，數學是種以輸出為前提的科目。如果想要提高數學成績，與其看課本或拚命聽老師上課，先嘗試做習題可能會更有效果。

比起輸入多的科目，輸出多的科目更容易使人集中。

輸出是活動大腦最棒的工具

其實**比起輸入，輸出更適合專注**已經由腦科學的研究得到證實。

想要記住某件事或理解某件事時，不拿筆也不做筆記，只想用自己的腦袋記住的人，我想應該不多。

只在腦中思考的狀態，等於沒有活用自己的感官。

相反地，拿起筆的觸覺、用眼睛跟隨筆記上文字的視覺、自己念出來並傾聽的聽覺，在五感中就已經活用了3種感覺。

使用愈多感官，我們愈能夠專注。

過去常有人說「想要記住事情時最好寫下來再記」，各位應該都聽過這種說法吧？其實那有著超越「寫下來就記得住」的意義。

「寫」這個行為是「輸出」，使用了五感中的2種感覺。愈是能夠用到各種感覺的行為，就愈能得到「我正在進行這件事」的實感。

比起「看」，「寫」更具有「我正在輸出」的感覺，而這種做法更有助於「專注」。要說為何書寫再記憶會比較有效，單純只是因為「這樣子比較能專注」而已。

在「積極」這一點上，輸出也具有相當高的重要性。之所以這麼說，**是因為想讓態**

度變得「積極」時不可或缺的「主動」這個要素，必須倚靠輸出來完成。

寫下某事，或運用學習到的知識解題，又或是親自製作習題等，這些全部都是主動的行為。抱持被動的態度絕對無法完成這些事，這些行為都需要用到自己的頭腦仔細思考才能達成。

輸出是種不用自己的頭腦便不可能做到的行為。譬如有人叫你「寫一篇文章」的時候，應該沒有幾個人能不經思考就寫出來。

「我該寫什麼？」、「文章要採取什麼架構？」或「最近是否讀了有參考價值的文章？」等等，如果沒有一定程度上多加思索，絕對不可能寫得出文章。

反過來說，輸入其實是種不用思考也能進行的動作。

聽老師上課，只要點點頭、默默地聽課，時間一下子就會過去。

前面我提到關於「Take」與「Listen」的差別，而「Take」換句話說即是進行某種「輸出」的行為。

無論是解說、詢問或整理自己的意見，全部都必須用自己的頭腦仔細思考，而非毫不思索地吸收資訊後就能結束的行為。

而我在這裡要多次說明，積極用自己的頭腦思考的狀態，正是最容易專注的狀態。

前面說過專注是種大腦正在運作的狀態，而輸出，可以說是驅使大腦運作最好的工具之一。

各位理解「輸出有助於專注」的理論了嗎？

基於此點，若我們想要持續地發揮專注力，那最有效果的方法就是減少「輸入」、增加「輸出」。

輸入＝減少！
輸出＝增加！

接下來我將繼續說明實踐「增加輸出」的方法。

實踐篇 1

增加輸出機會

思考「如何增加輸出」，是能夠最快集中精神的方法。

以簡單的做法為例，若是想提高考試成績或考取證照，就不要將重點放在「看課本」或「上課」上，而是試著增加「做習題」或「向人解說」等做法的比例，這樣更可以專注在念書上。

像這樣將自己的行動從「輸入」轉為「輸出」就是最直接的辦法。

請看以下3種我所推薦的方法。

例1

「聽人說話」「看書」

↓

「尋找關鍵字」「尋找問題」

漫不經心地看書、聽別人說話都只是輸入。

為了將其轉為輸出，我推薦「尋找某事」的做法。

譬如**尋找關鍵字，將某個人想說的話濃縮在一句話內。**

一邊閱讀，一邊找出最重要的關鍵字，這種主動的行為有助於提高專注力。想找出關鍵字這個動作，能夠讓人加倍了解文章或他人的話語，比起單純傾聽來得更有效率。

另外，**試著問自己「心中還有什麼不明白的地方？」「現在這段話，是否有覺得難以認同的地方？」也是一種好方法**。

假設作者現在就坐在你面前，那麼尋找「這裡是什麼意思？」或「這是真的嗎？」等想要問作者的重點，會比單純閱讀文章還要更讓人積極，也更能集中精神在找出可以詢問他人的關鍵，進一步專心傾聽別人說話。

例2

「靠書或報導增加知識」「查詢某事物」

「向他人進行說明」「製作向他人說明時足以佐證的資料」

想要藉由閱讀網路文章或書來增加知識量，又或是想查詢某件事物時，我推薦**製作一份「可以用來向他人進行解說的資料」**。

坦白講，腦中的知識到底有沒有增加，任何人都無法知道。

如果腦科學繼續進步，或許再過30年就能發展出「測量人類知識量」的技術，不過至少現階段這是不可能的。

為了了解這件事，「能否確實地向他人進行說明？」就成為是否真的了解這份知識的分水嶺。

我能夠向別人說明嗎？

我能夠做出這類資料嗎？

在心中總是抱持這份疑問進行輸入，就會在輸入中產生輸出，讓自己更加專注。

我最推薦的是學會用簡報或插圖來進行說明的方式。

不只用文字，若學習的程度高到能夠進一步用圖畫來說明，才可以說是完全理解了這份知識。而為了用圖畫說明所做的各種準備，則可以讓自己變得更積極，提升自己的專注力。

例3

「進行工作」

「找到容易犯錯的環節」

著手進行工作時，偶有無法完全「輸出」的時候。

那是太過習慣工作，身體不自覺動了起來的狀態。

有時候的確存在這種頭腦完全沒在動、不經思考便採取行動的狀態。

這或許稱得上是一種專注狀態，但愈是在這種時候，就愈容易犯錯。

正因為不經思考，才容易因為粗心大意導致犯錯。

為了能夠好好集中精神思考，我建議的對策是**「尋找容易犯錯的環節」**。

在前面例1中提到了「尋找」這個行為的重要性，而這裡也是相同道理。尋找容易誤會或是犯錯的關鍵處，並予以改善及實踐，最後再整理一份「容易出錯的環節清單」。

只要深入思考，就能使自己自動採取下一步行動。

如此一來，再怎麼無趣的工作，都應該能以積極的態度專注面對才是。

實踐篇 2

讓輸出變得可見

接著，我要再推薦另一個能夠讓專注力持續下去的方法，那就是**「讓輸出變得可見」**。

在前面第1章中已提到「如何設定目標？」這件事，而實際建立一個系統，方便自己日後理解與調整，就是本節要介紹的方法。

讓輸出變得「可視化」，可以清楚了解自己必須要做的事，也能提早知曉自己接下來該採取的行動，使整件事的脈絡變得更加單純、清晰。

具體方法如以下所示。

①首先決定目標。仔細思考自己想做什麼。

如第1章所說，用長遠的眼光思考自己想做什麼，再學會回推自己接下來應該要完成的事項。

②為了設定目標，先思考大致上應該要做什麼事，並考慮2～3個主要任務。

比如「看書」、「學習數學」、「製作企劃書」等等，先大致決定應該要完成的事與方向性。

③接著在主要任務中填入數字，以條列式的方式讓自己了解具體應該要做什麼。

若是「看書」就是「看3本書」，若是「製作企劃書」就是「把概要整理在1張A4紙裡」或「請3個人幫忙確認」，在大方向中詳細定下需要完成的事項。

④思考主要任務要花多少時間完成，並接著分配出每天必須完成的量，擬定「任務細項」。

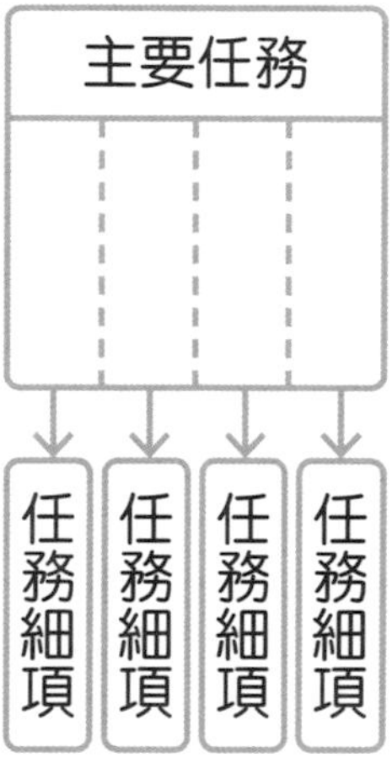

像是「3本300頁的書在90天內讀完，所以每天看10頁！」或「想要記下1本書中30個左右自己不清楚的地方，所以每天記下1個」等等，以任務細項的方式分配每日必須要做的分量。

⑤若「任務細項」中「輸出」的要素過少，就進行重寫或追加，盡可能增加輸出的量。

這裡不應忘記的是剛剛說的「輸出」。在分配任務細項時不能全部都是輸入的要素，必須有意識地進行輸出，才會獲得更好的效果。

⑥接著循序漸進，完成每一個細項。完成的任務細項可做個記號，並盡可能在時間內完成所有細項。

然後就是實踐了。

每天好好完成每個細項，試著在時間內結束整個主要任務。

⑦最後只要完成所有任務就大功告成！

完成所有任務細項也就等於完成了主要任務，而主要任務全部完成就達成目標了。

讓自己現在所做的一切努力，都能成為達成目標的墊腳石。

上述的方法，**可以讓自己更清楚了解到自己現在正在做什麼、又是為了什麼而必須努力**。

也就是說，我們可以藉此「接受」眼前正在做的事。

不僅如此，該做的事中加入了許多「輸出」的要素，也讓自己可以更加專注。

我在前面提過「為了了解樂趣，一開始就進行輸出」這個理念。

以這個方法進行輸出，就能在一定程度上接受，更能順利地完成每個任務細項。

說穿了，就是使自己更容易跨出實踐的第一步。

除此之外，這個方法也加強了「找出樂趣」的效果。

到最後，**自己究竟對什麼感到有趣，這是任何人都無法知道的事**。

說不定試著做看看就意外地感到有趣，也可能是朝著目標努力這件事讓人感到有趣。

當然，也可能是任務細項中的某幾項讓你找到了樂趣。

為了知道自己到底對什麼感到有趣，「細分化」是必要的手段。

在一般實踐的過程中，我們到底「對什麼」感到有趣，恐怕多數時候都說不上來吧。

而此方法透過「任務細項」這個較小的輸出，使每個細節明文可見。

當感到「這個好像挺有趣喔？」的時候，就能知道是什麼「任務細項」使你燃起了興致。

而且與剛剛說的相同，或許也有一定數量的人在「朝著目標努力」這個行為本身找到了屬於自己的樂趣。

事實上，我自己就是這種人。從目標倒推回來，並完成每一個細項，最後完成整個遠大的目標。我就是會對這個過程感興趣的人。

正因為如此，所以當我感覺自己好像難以專心時，就會從更廣闊的視野重新審視自己正在做的事。

再次認知到自己處在「朝著目標努力」的這個過程中，並徹底實踐每個技巧，就可以保持無比的專注力。

第2章的Point

- ✓「樂趣」是幫助你維持動力的夥伴。
- ✓很多時候「先做做看」才會知道樂趣所在。
- ✓得到樂趣的祕訣是「輸出」。
- ✓以輸出為前提的行動等於是在「選擇」事物。
- ✓輸出比起輸入更適合專注。
- ✓輸出的「可視化」能進一步讓自己內心接受。
- ✓區分出「主要任務」與「任務細項」並予以實行。

Column 2

有很多人討厭輸出？

一般認為，日本人具有喜歡輸入大於輸出的民族性。在國外，不論上課或是會議中都有許多勇於舉手的人，也有許多願意發表自己意見與主張的人，不過日本人並非如此，就算有人問：「請問有人有其他意見嗎？」現場多半也都鴉雀無聲。

日本人喜歡聽人說話、閱讀或是自行思考、內省自我，不喜歡說出自己的主張或進行輸出；日本人更願意在自己心中做出對事物的判斷，避免擾亂整體的和諧。雖說應該也有許多人不屬於這樣子的個性，只是與外國相比，整體而言這樣的特色明顯許多。我還記得有不少人在剛開始使用推特時，都為了不知道該說些什麼而煩惱。我自己也是這樣，所以很了解這種心情。輸出這件事的門檻，比輸入來得更高。

但是，輸出也同時有著更多樣的效果。如同前面與各位所說，輸出不僅讓人更專注，之後也能重新審視自己，改善自己的行動效率，一步步接近理想的目標，拿出應有的成果。

另外，雖然這只是我的個人感想，不過我覺得輸出對我來說，更能讓自己情緒高昂。相信當各位看見自己達到的目標或已然成形的結果浮現在眼前時，都會有種喜不自禁的感覺吧？雖然不管看多少書都很難產生「我完成了！」的成就感，但是解開參考書中的問題時，成就感便會隨之而來。自己的歷程能夠化為言語與物品留下，並凝聚出具體的外形，所謂的輸出，正具備著這樣的優點。

我也了解有時候情緒上，輸出是件讓人感到麻煩的事，不過那或許還只是佇足在最初的第一步，說不定真的踏出了第一步、真的試著進行輸出，就能看見完全不同的景色。

我以前也是個不擅長輸出的人，但自從出版了第一本書後，到現在已經寫了十二本書了呢。雖然最初的那一本花了非常多的時間撰寫，而且我完全無法專注，不過後來輸出讓我感到愈來愈有趣，現在已經可以順利地寫完一整本書了。我希望各位都能踏出自己的第一步。

確認自己是否真的「積極」

確認自己的狀況，
了解「自己的專注類型」，
就能飛躍性地提升專注力。

第 3 章

1

為什麼需要確認？

思考提高專注力的「其他手段」

至此，我已經解說了「該如何變得積極」、「該如何保持積極的狀態」等要點。我想大多數的人看到這裡，應該某種程度都具備一定的能力，能夠親身實踐「專注」的訣竅了。

但是，其實還有一項課題尚未完成。為了讓自己可以進一步積極且專注，我們還需要學習另一個重要技巧。

這項技巧，就是**「確認」**。

我們需要確認自己究竟是否真的處在專注的狀態。

前面都已經介紹這麼多觀念了，接下來才要講這種話有些不好意思，不過坦白說，不論我怎麼解釋專注力，我們仍然無法正確得知「自己究竟是否處在專注的狀態下」。

專注時，我們是不會察覺「自己正在專注」的。

如果察覺這點，反而代表除了眼前的事物外，有其他存在造成我們分心，難以說是真的處在「專注」的狀態。

此外，就算是在專注後，我們通常也不會有「剛剛我很專心！」的感受。

我認為只有極少數的人，才會在生命中有多次這種體驗。

我在前面的章節說明過，「積極」是種「自然且主動的狀態」，而「自然」恰恰是「不太能夠意識到」的一種形容。

正因為無法刻意去做才叫作專注，而也因此，專注是種難以達成的狀態。畢竟，僅憑自己的意識與技術是無法進入專注的，我們需要具備更為高度的技巧。

我們必須做的，是檢查自己到底專不專注。我們有需要在事後，確認自己究竟有沒有專注過。

「為什麼要確認？」這個問題的答案很簡單。

確認後若發現自己並沒有專注，可以藉此思考其他可行的手段。

回頭檢視自己實踐的狀況，若發現自己並未進入專注狀態，那就試著找出其他可以讓自己專注的做法。

確認時也能了解「自己的專注類型」

「嘗試回顧自己的專注」

這是本章最重要的主題，不過回顧的不只是「自己有專注、沒專注」這種過於簡單的判斷。

更重要的是透過確認，了解**「自己的專注類型」**。

藉由確認，加深對自己的了解，使自己能夠更加「積極」。

我想不少人看到這裡會反應不過來，所以我舉個具體的例子。

譬如實行某件事時，其實人類可以分為以下2種類型。

第1種是「慎重派」

這是「到實行前的過程很長，但實行後能夠專注」的類型。

這種類型的人會有「要做？還是不做？」、「做了會不會後悔？」或是「想要謹慎思考後再決定」等想法，在行動前會非常煩惱該怎麼做。

由於這類人在開始前需要花費大量時間，因此需要一定程度的輔助，但實行後能以極強的專注力投入在眼前的事物上。

第2種是「行動派」

這是「到實行前的過程很短，但實行後難以持續專注」的類型。

這類人早早就會試著起身進行挑戰，不過開始做了之後就會有「好像有點無聊」、「不太能集中精神」或「還是放棄吧」等聲音，漸漸失去幹勁，感受不到行動的意義，容易三分鐘熱度。

這樣子的人必須花費許多精力在專注上，不過到實行前的門檻非常低，可以輕鬆跨過第一階段。

那麼，各位又是什麼類型的人呢？

其實這個問題，曾出現在東大的入學題目中。

2015年的英語第2題：

1.「Look before you leap.（挑戰前先謹慎思考）」

2.「You who hesitate is lost.（躊躇不前失去先機）」

在這2句諺語中，哪一個是對自己來說更好的建議，請用英語回答……以上便是那一年的考題。

其實這個問題包含了提高專注力、變得積極的重要提示。

第1章我提到「邏輯」與「情感」的差異，而這裡也同樣分成「慎重派」與「行動派」，並做出不同的對策。

例如對行動派而言，前者的建議更有效果。或許在行動前經過深思熟慮，行動後才能夠專注並堅持做同一件事。

相反地，若是慎重派則是後者更有用。先決定什麼事必須行動後再思考，並盡快選擇必須專注面對的事項，或許更能快速、輕鬆地進入專注狀態。

「跟自己的類型應該沒太大關係吧？難道不是只要能專注就好嗎？」

或許有人會這麼想，但實際上並非如此。

專注力究竟如何，屬於自己「內在」層面的狀態，因此每個人各自都有適合與不適合的做法。

「加深對自身了解」的重要意義

只是改變外表與行動沒有太大意義，要從內心深處開始改變想法才有用。

因此，首先請各位加深對自己的認知，了解自己屬於哪一種類型的人。

愈是了解自己，就愈能更深一層思考，想要專注時「自己到底該怎麼應對」。

這世上存在許多建議，也有多元多樣的思考方式，不過惟有深入了解自己，才能挖掘出自身的各種面貌，並進一步加強自己的「專注力」。

因此加深對自身的了解，有著非常重要的意義。

2 為了認識自己，輸出是最好的方法！

了解自己更能提高專注力

為了了解自己，我們最需要的方法就是輸出。

我在前面提過「輸出能留下記錄」，而留下記錄等於可以為自己留下「判斷自己」的材料。

例如想知道「自己了解這個領域嗎？」的時候，各位會怎麼做呢？

我想各位會用測驗的方式判斷自己是否了解吧。

如果能夠回答問題，就能判斷自己有很高的可能性了解這個領域，相反地若回答不出來，則可能對這個領域一無所知。也就是說，我們會用輸出的結果來進行判斷。

個性或自我認知也是類似的概念。沒有人能夠完全了解自己，甚至正因為是自己，所以才有許多自己發現不了的盲點。

即便如此，為了了解自己，我們還是只能透過「輸出」進行判斷。

「我會採取這種行動，果然是會在意這種事的個性。」

「雖然我沒有刻意這麼做，不過還是有了好結果。我或許適合做這種事。」

像這樣回顧輸出，我們可以更進一步加深對自己的認識。

以方才的例子來說，以為自己是慎重派的人，其實可能是做事三分鐘熱度的性格，因此或許會在輸出中發現自己原來是行動派；而相反地，認為自己是行動派的人，也可能其實是花了很多時間都無法著手進行第一步的性格，最後才知道自己實際上是慎重派。

人類無法看見自己的全貌。

我們不可能直接看到自己的面容或整體形象。就算如此還是想看的話，就只能透過鏡子映照。

同樣地，如果想要專注、想要正確認識自己，除了透過輸出這面鏡子，別無他法。

Column 3

慎重派與行動派

對「盡早」的解釋大不相同？

如果上司叫你「『盡早』做完這份工作！」的話，你會在什麼時候完成它呢？是隨後在1個小時內完成？還是等到工作截止日的1天前才完成呢？

從這個問題的答案，可以區分出慎重派與行動派。行動派的人往往選擇前者，而慎重派的人則有選擇後者的傾向。慎重派與行動派，雙方對「盡早」的解釋並不相同。

會思考「我得快一點完成這份工作！」的是行動派，而認為「『盡量』的話早1天左右完成不就好了？」的是慎重派。行動派擅長快速俐落地完成工作，而慎重派則希望按照事先決定好的步調完成工作。

實際上大多數的人都會認為突然叫自己「盡早」完成很令人困擾，由此可以知道的是，行動派與慎重派各自擅長與不擅長的地方。慎重派可以在長時間的工作中發揮專注力，但短時間的工作則難以集中精神。面對必須花費許多時間才能推動的工作或計畫時，比起配合自己情緒做事的人，喜歡事先決定好時程並按表操課的人能夠更順利地完成工作。不過這類型的人在面對可以短期結束的事情時，多半都難以立即行動、當場完成工作。相較之下，行動派無法專注在長時間的工作上，不過可以聚精會神處理短時間的工作。雖然想要立即結束工作時可以發揮專注力，但遇到必須按照時程或沒辦法馬上得到成就感的工作時，專注力就會大幅下滑。

慎重派與行動派就像這樣有著各自擅長與不擅長的領域，不過現實中，很多時候即使是慎重派也必須快點完成工作，而行動派也可能不得不花時間進行長期工作。這種時候我們應該怎麼辦呢？

我建議行動派的人「即使是長期的工作也一口氣完成」。若難以依照安排好的計畫進行，那就乾脆一口氣完成就好了。不需要花一個禮拜每天做一部分，決定在某一天一次完成所有工作即可。「暑假作業」雖然可以每天花點時間寫，但行動派卻不擅長這樣做。既然如此，在暑假一開始把所有作業寫好就可以了。對行動派而言，這樣做更容易發揮專注力。

而慎重派則相反，我建議「在長期的計畫中，保留可以處理突發工作的時間」。譬如我雖然是行動派的人，不過視情況我也有慎重派的一面，因此我決定利用每天晚上8點～8點半這段時間，處理今天突然產生的課題。慎重派可以決定好一段時間，並在時間內好好完成必須臨時處理的工作。倘若這段時間沒有該處理的事，那就當作自己幸運，在這段時間休息。只要能事先保留一定時間，做起事來就更靈活。還請各位了解自己的類型，找出自己擅長與不擅長的地方，讓自己能適當地保持專注力吧！

實踐篇 1

從輸出回頭展望

以類型分別

那麼，首先就讓我向各位說明從輸出發現「自己類型」的方法吧。

專注時必要的自我認知主要有3個。

第1個是第1章介紹過的——

右腦型VS左腦型

這是為了讓自己內心接受所需要的自我認知，也與自己心中最深處的思考方式密切相關，絕對不能忽略這個部分。

由於我已在第1章做過說明，所以這邊容我割愛。接下來2個則是思考「輸出」時必要的分類。

第2個是——

慎重派VS行動派

這2個選項分別代表起步後很順利，但起步前非常辛苦；以及起步前很順利，但起步後非常辛苦的2種不同類型的思維。

若想知道自己屬於哪一種，不妨試著回答以下問題。

・如果對「擬定計畫」、「思考如何輸出」感到有趣的話……

▼那麼你是「慎重派」，必須花費許多精力與時間在起步前的類型。

・如果對「重新審視擬定好的計畫」、「輸出並完成每個任務細項」感到有趣的話……

▼那麼你是「行動派」，是無須花費精力與時間在起步前的類型。

慎重派具有對「擬定計畫」感到有趣的傾向。這並非壞事，因為若能在自己心中建立起自己滿意的計畫，那麼當計畫成形後，慎重派的人會比行動派更能長時間延續自己的專注力。

與此相對，行動派則覺得「之後再回顧計畫」比較有趣。行動派喜歡先試著做看看，看到自己不斷累積的結果會從中感到「樂趣」。

為避免行動派做事只有三分鐘熱度，我建議最好的手段就是抓住「我所做的事都一步步累積起來！」的感覺，才能打從心裡湧出想堅持下去的幹勁。請各位記住這2種類型的應對方法。

接著就是最後第3個自我認知——

努力型VS效率型

對努力感受到價值，然後更願意付出心血努力的人是努力型。相反地，無法從努力感受到價值，總是思考是否能夠更有效率的人是效率型。

一般而言，所謂專注力能夠持續的人，給他人的印象往往是「能夠努力的人」。

大家難免認為，因為努力的人夠優秀才可以專注，而無法努力的人則不適合專注。

然而事實上，**「無法努力」代表這個人具有「可以不用浪費時間，以最大效率行動」的能力。**

換句話說，能夠達成「不做無謂努力，對自己該做的事做出選擇與取捨」這個對專注而言最重要目標的，就是「效率型」的人。

東大生裡，努力型與效率型的學生大概各占一半。

有些學生不喜歡做無謂的努力，用最低限度的念書時間考上東大；也有另一種學生透過拚命努力而考上東大。

有趣的是，跟另外2種自我認知不同，惟有這2種類型的人，採取與自己相反類型的行動可能會更好。

如果能夠努力，那就思考怎麼讓努力的效率最大化。

如果喜歡有效率地做事，那就試著堅持下去，學會如何努力。採取相反的做法對這兩類人的專注力都有重大意義。

正因為有意義，嘗試不屬於自己類型的做法，在這2種類型中都能發揮良好的效果。

了解自己後，不妨嘗試另一個類型。「努力型」可以變得更有效率，而「效率型」則可以變得更為持久。我想，用這種思維投入到課業或工作中，對自己會更有幫助。

從下一頁起，我整理了2×2×2共計8種專注類型。

請各位確認自己的類型吧。

確認你的「專注類型」

你是……

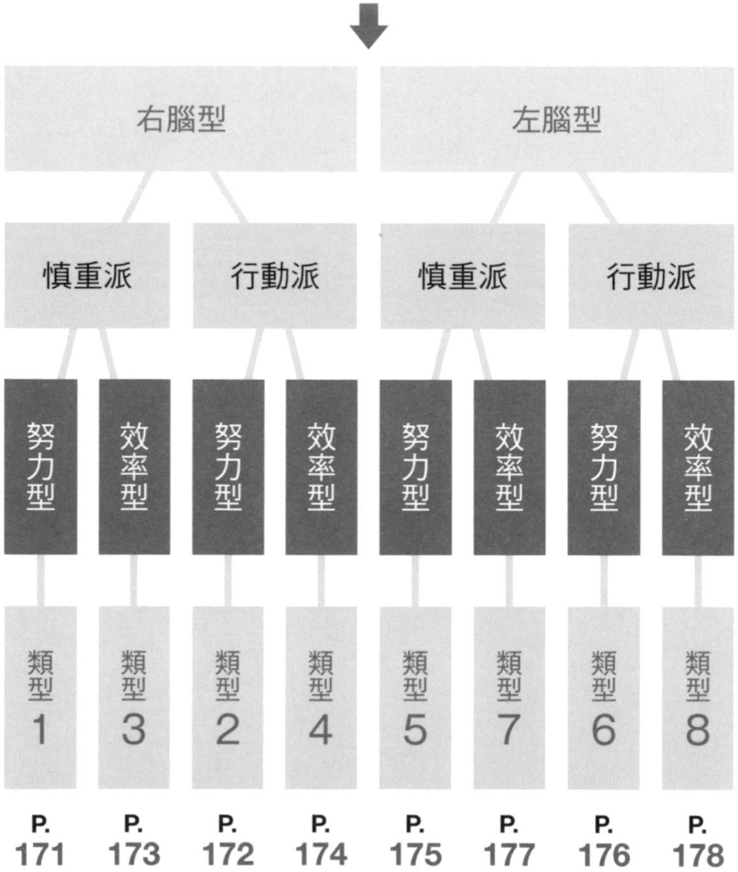
右腦型
左腦型
慎重派
行動派
慎重派
行動派
努力型
效率型
努力型
效率型
努力型
效率型
努力型
效率型
類型1
類型3
類型2
類型4
類型5
類型7
類型6
類型8
P. 171
P. 173
P. 172
P. 174
P. 175
P. 177
P. 176
P. 178

給類型1的你

特徵

- 有著用情感考量事物的習慣。
- 到實行前的時間很長，但實行後能夠專注。
- 能感受到努力的價值，想要拚命努力。

如何提高專注力？

1 借用音樂或興趣的力量，思考振奮自己情緒的手段。

2 決定行動後再思考的事項，並盡早選擇該專注的事情。

3 思考讓努力更有效率的手段。

給類型2的你

右腦 × 行動 × 努力

特徵

- 有著用情感考量事物的習慣。
- 能夠立即著手實行。
- 能感受到努力的價值，想要拚命努力。

如何提高專注力？

1 借用音樂或興趣的力量，思考振奮自己情緒的手段。

2 記錄下自己的行動。

3 思考讓努力更有效率的手段。

給類型3的你

特徵

- 有著用情感考量事物的習慣。
- 到實行前的時間很長，但實行後能夠專注。
- 討厭無謂的努力，會對自己要做的事做出選擇與取捨。

如何提高專注力？

1 借用音樂或興趣的力量，思考振奮自己情緒的手段。

2 決定行動後再思考的事項，並盡早選擇該專注的事情。

3 思考可以持續努力的手段。

給類型4的你

特徵

- 有著用情感考量事物的習慣。
- 能夠立即著手實行。
- 討厭無謂的努力，會對自己要做的事做出選擇與取捨。

如何提高專注力？

1 借用音樂或興趣的力量，思考振奮自己情緒的手段。

2 記錄下自己的行動。

3 思考可以持續努力的手段。

給類型5的你

特徵

- 有著用邏輯考量事物的習慣。
- 到實行前的時間很長，但實行後能夠專注。
- 能感受到努力的價值，想要拚命努力。

如何提高專注力？

1 為了讓內心接受，試著從目標回推思考，或為眼前的事擬定「報酬」。

2 決定行動後再思考的事項，並盡早選擇該專注的事情。

3 思考讓努力更有效率的手段。

給類型6的你

特徵

- 有著用邏輯考量事物的習慣。
- 能夠立即著手實行。
- 能感受到努力的價值，想要拚命努力。

如何提高專注力？

1 為了讓內心接受，試著從目標回推思考，或為眼前的事擬定「報酬」。

2 記錄下自己的行動。

3 思考讓努力更有效率的手段。

給類型7的你

特徵

- 有著用邏輯考量事物的習慣。
- 到實行前的時間很長，但實行後能夠專注。
- 討厭無謂的努力，會對自己要做的事做出選擇與取捨。

如何提高專注力？

1 為了讓內心接受，試著從目標回推思考，或為眼前的事擬定「報酬」。

2 決定行動後再思考的事項，並盡早選擇該專注的事情。

3 思考可以持續努力的手段。

給類型8的你

特徵

- 有著用邏輯考量事物的習慣。
- 能夠立即著手實行。
- 討厭無謂的努力，會對自己要做的事做出選擇與取捨。

如何提高專注力？

1 為了讓內心接受，試著從目標回推思考，或為眼前的事擬定「報酬」。

2 記錄下自己的行動。

3 思考可以持續努力的手段。

實踐篇❷

從輸出回頭展望

找藉口

了解自己的類型後，再來就以此為基礎，重新檢視輸出的具體情況。

在前面第2章，我已說明「讓輸出變得可見的方法」。

從目標回推，擬定「任務細項」，依此將自己該做的事化為明確可見的階段性目標。

其實這個手法中的「任務細項」，還有一個很棒的優點。

那就是「方便之後回顧輸出」。

我們一起來看看具體方法。

①首先，透過前面所提及讓「輸出可視化」的方法，篩選出「尚未結束的任務細項」或「花費時間過長的任務細項」。

我建議用任務細項來檢視輸出，而非用較粗略的主要任務來檢視。

接下來試著思考，自己之所以無法完成這個任務細項的原因。

②在自己心中推敲無法完成任務細項的原因。此時要在了解自己專注類型的基礎上，努力找出原因。

這裡我們必須回頭檢視自己做不到的輸出。

請各位努力找出自己做不到的原因。

右腦型與左腦型、慎重派與行動派、努力型與效率型……2×2×2共8種專注類型。

每一種都略有不同，在思考為何失敗時，自己屬於什麼類型是非常重要的出發點。請各位好好認識自己。

③檢視過後，根據之所以做不到的理由，重新思考既存或正準備要擬定的任務細項。

如果理由是「明明自己是左腦型，卻在道理上無法接受」，那就基於目標重新設定更合理的任務細項。其他理由如「自己比較情緒化，所以加入可以競爭的要素吧！」或是「我太過重視效率了，試著增加任務細項的數量好了」等等都行，總之要找出理由並研擬對策。

請各位從失敗中學習，擬定一個成功率更高的目標吧。

大眾往往誤會「找藉口」的重要性，其實「找藉口」是非常正面積極的反應。

為什麼自己做不到？哪個地方出了問題？

將這些理由化為言語，就能避免自己下一次再犯同樣錯誤。

雖然社會上時常將這種行為視為「放不下」，給人不太好的印象，但這種想法才是導致錯誤反覆出現的原因。

前面提到專注屬於內在層面的事，也因此我們容易在同樣的地方受挫。

之所以無法專注，很有可能是因為心中的某個部分始終沒有改善過來，而為了了解到底是哪個部分，「找藉口」便是一個頗為有效的方法。

透過反覆回顧與「找藉口」的行為，就能改善自己的行動，也更容易發揮專注力。

專注這件事很不可思議，因為即使心中接受主要任務，湧起了幹勁，**但只要自己不滿意一小部分的任務細項，或覺得這些任務細項頗為困難，幹勁就會隨之消退。**

雖然撰寫企劃書很開心，但只要企劃中某些細節卡關，就完全無法專心……我想這應該是很常見的經驗吧。

即便是東大生也有這種類型的人，我身邊就有非常多朋友時常抱怨：「我就只討厭這個部分，但它讓我完全提不起幹勁！」

但我也多少能夠理解他們的心情。

「畫龍不點睛」，僅欠缺一小部分，就覺得整體都不行，這種感覺出乎意料地常見。

各位無法專注時，或許就是卡在某個部分無法接受，才怎麼做都不行；但反過來說，只要改善這個部分，接下來便橋到船頭自然直，總會有辦法處理。

回頭檢視，這正是一個配合自己的專注類型，發現自身弱點的行為。

若能藉此改善自己的行動，應該就能做到更適合自己性格的「積極」。

我們能夠透過回顧，讓每個人得到最佳化的專注。

此外，**我還推薦積極請他人看自己輸出的做法**。請他人看自己所建立的目標、完成每個任務的記錄以及結果。

若是學生就請老師看，若是上班族就請上司或同事看，自己曾採取什麼樣的行動，甚至將本章所寫的內容全部公開，請對方留下評語。

實際上，這是東大生很常運用的方法。

尤其是沒有去補習班的人，許多人都會向學校老師公開自己念書的記錄、筆記與輸出的內容。

請老師做出評價，並活用在下次念書上。

請老師協助修正自己自認為正確，但其實有問題的部分。

其實，**「他人的目光」有著多方面的效果。**

據研究指出，如果在捐款箱或工地的機械上貼著「眼睛」貼紙，就能提高捐款金額，或促使人們更重視安全觀念，有著很多良效。與此相同，若意識到「有別人在看」，念書時就能發揮更強的專注力。

這單純只是因為一想到「有人在看」，人就不太敢鬆懈，而且有時候緊張反而會讓人更拚命地採取行動。

人類是種比起自己單獨一人，在眾人注視下會更繃緊神經的動物。

寫筆記或作答時，想像之後會被別人看到，跟想像只有自己能看到，我想兩者之間會有著巨大的落差。

又或是，念書或工作時比起坐在誰都看不到的家中，坐在周遭都是人的辦公室或咖啡廳可能更順利……像這種事可說是屢見不鮮。

很多時候有人在旁觀看，反而更能夠集中精神。

而「利用他人的目光」這件事，就是在請他人評價自己工作的進度與效率。

站在自身的立場，總是難以客觀看待自己做了多少努力，沒錯吧？我們往往會進行主觀判斷，就算一直採用效率很差的方法，卻始終沒有自覺。

這個時候只要「利用他人的目光」，就能做出客觀的評價，而非主觀的判斷。

參考別人的建議念書，可以逐步提升念書效率，一邊改善做法一邊提升自己的等級。用所謂的PDCA循環來說，借用老師的力量就是在積極地做「Check」這個動作。若因為「他人的目光」而獲得良好的刺激與反饋，也能提升自己的專注力。不論任何人，都很難靠自己一個人的力量，持續不斷地重複做與昨日相同的工作。

若能利用他人的目光，感受到自己正逐漸提升等級，心中便會產生「再試試看！」、「加油吧！」的熱情。

我在第1章提到「接受對專注而言很重要」。倘若反覆做同一件事卻看不到成效，那就會漸漸地無法接受自己正在進行的工作與目標。

令人不禁自問：「這樣做真的有意義嗎？」

不過，若能得到來自他人的客觀評價，不僅容易產生「這麼做更好！」或「下次換個方法試試！」等創意發想，也更容易做到積極的專注，並堅持下去。

第3章的Point

- ✓ 為了在無法專注時發掘出其他專注的手段，「確認」非常重要。
- ✓ 事先了解「自己的專注類型」。
- ✓ 專注類型共分為「8種」。
- ✓ 了解自己的專注類型，加深對自己的認識，就能大幅提升專注力。
- ✓ 從輸出回顧自己的行動對專注非常有效。
- ✓ 請他人評價自己的輸出。

Column 4

努力型與效率型

無法努力也沒關係？

其實人類的腦分成可以努力的腦與不能努力的腦2種類型……各位看到這個說法有什麼感想呢？

「什麼!?怎麼可能!?」「該不會我是無法努力的人……」

或許有人會因此感到焦急也說不定。

最近的研究指出，腦部的運作先天便分為「難以持續努力的類型」與「容易持續努力的類型」這2種。來自美國田納西州范德堡大學的團隊透過實驗發現，人類明顯分為大腦「島葉」非常活躍，會追求一開始設定好的報酬的人，以及「島葉」不太活躍，即使沒有報酬仍可以堅持下去的人這2種類型。也就是說，一個人能否努力，全看出生時大腦的類型，精神論已無法顛覆這樣的研究結果。

……聽到這裡，可能有人會感到絕望，覺得：「難不成自己背負著生來便無法努力的命運嗎！」

別擔心，不是這麼回事。其實這個研究想說的是，這種類型的人擅長「高效率的努力」。

坦白講，改變世界的創新事物往往都是在「因為很麻煩」、「該怎麼做才更有效率」的思考下所誕生的產物。

因為工作很麻煩才發明了各種機械、因為以物易物很麻煩才發明了

Column 4

貨幣、因為電話很麻煩才誕生了簡訊。也就是說，希望做事更有效率、更輕鬆的思維絕非是一件壞事。

想要更有效率地努力當然也不是壞事。相反地，若可以活用這項特質，就能讓自己更專注。有的時候，「無法努力」的人更擅於用輕鬆、俐落的方式解決困難。有一定數量的東大生都有這種「用最小限度的努力拿出最大成果」的思維，就算說是無法努力的腦，也絕不遜於其他類型的人。

重要的是，如同我前面反覆強調的「認識自我」。好好了解自己究竟是什麼類型的人，並實踐適合自己的專注法。貫徹這樣的心態，就能塑造出良好的專注狀態，拿出成果。

雖然我是效率型的人，但有很長一段時期都是靠著精神論鼓舞自己，埋頭拚了命胡亂努力（也因此重考了2年）。即使我不認為這段時間都是無意義的，不過確實感到相當辛苦，希望自己能更早發現效率型的做法比較適合自己。還請各位坦率地面對自己，仔細思考自己究竟是什麼類型的人吧！

後記

跨越那條線吧

真的很感謝各位閱讀到這裡！各位覺得如何呢？

感覺可以專注在想要做的事了嗎？

在最後，請容我介紹一個非常重要的觀念。

那就是「總之先做的原則」。

這在第1章「配合自己的等級」這一節也提過，有的時候只要處在積極的狀態下，那麼起步時輕輕推自己一把，就會不自覺地發揮自己的專注力。

然而，最為辛苦的也往往是這「最初的一步」。

舉個極端的例子。只要讀完這本書，我想各位就能從第1章了解「該怎麼變得積極」，從第2章了解「該怎麼做才能保持積極的專注」。第3章「該怎麼確認自己是否積極」的方法，我想各位也知道了。

讀完整本書，大多數的讀者應該都能學會「積極專注的技巧」才是。

但是，無論本書怎麼努力宣揚都不可能做到的，就是引導每位讀者湧起幹勁去實踐自己想做的事。

我是個從偏差值35開始用功，重考2次才考上東大的人。大家最常問我的不是「你是怎麼念書的？」或「你真的曾經偏差值35嗎？」等問題，而是「你怎麼會在那種狀況下想要考東大？」。

我認為整個過程裡難度最高的，就是一開始必須踏出的那一步。

事實上，妨礙專注最主要的原因，是「覺得自己做不到」。在訂立目標的階段就在想「這個我做不到吧」，或在開始之前就覺得「這樣做沒有意義」，認為報酬肯定為零，這些想法才是造成專注力下滑的元凶。

對專注而言，「說不定我做得到，總之先做做看」的想法是最重要的，也是最辛苦的。因此「沒什麼根據也無妨，總之抱持著自信做看看！這麼做就能專注！」的做法，可以說亦是一種技巧。

實際上當我為了本書四處採訪時，有幾位東大生也曾這麼告訴過我。

但「抱持毫無根據的自信」其實是件極其困難的事。

說不定還會有人認為，如果真能做得到就不用這麼辛苦了。

說到我自己，其實我以前也從未想過自己真的考得上東大。

當時我放棄了，覺得這根本不可能。

……各位想想，我的偏差值才35喔？

絕對考不上的嘛。

我中途放棄了好幾次，然後又重新拾起書本用功，步履蹣跚地朝著目標前進。

第2次重考時最糟糕。

由於我已經落榜2次了，心中總有種「反正我這次又會落榜」的無力感，不論考試考得多好，都覺得「自己最後還是不會考上」。縱然如此，我還是繼續努力。

現在回過頭來想，完全無法理解當時我為何會有那種莫名其妙的心理狀態。

但我所建議的，也正是這個。

內心某處已經放棄了也沒關係。

覺得自己無法達成目標也沒關係。

「總之先擬定目標，總之先踏出一步」就好。

我們很難不去思考「自己做不到」或「反正沒辦法」等悲觀的看法。

「再怎麼努力說不定都是徒勞無功」或是「不論專不專注結果都相同」等等，我想大家心中都會有這些消極的心態。

不過，這也沒關係。

如果設定好了目標，決定要「做」，那就做到最後。

即便內心某處已經放棄了，但也因此卯足全力應付。

可能做不到，可能白費工夫，但就是想掙扎到最後一刻。

當我還是偏差值35的學生時，學校的老師告訴我「即便徒勞也要做到最後」的重要道理。

而我從此以東大為目標努力。

我至今仍深深記著當時學校老師對我說的話。

他說：「其實我們人類都被一條線給圈住了。」
那條線的名字，叫作「畫地自『線』」。
我：「……這不就是個雙關笑話嗎。」
老師：「沒錯，不過這條線確實存在。譬如你幼稚園或小學的時候，希望自己長大後成為什麼人？足球選手、棒球選手還是太空人呢？小時候不總覺得只要努力，就能成為想成為的人，實現自己想做的事嗎？」
我：「嗯……或許是這樣沒錯。」
老師：「但隨著成長，這種夢想就漸漸消失了。自己不可能成為太空人、有些人踢足球遠比自己厲害、我似乎沒有打棒球的才能……就像這樣，『無法實現』的事只會慢慢增加。最後，原本遠在天邊的那條線終將靠近自己身邊，成為所謂的『畫地自線』。」

我：「……」

老師：「人類無法跨越那條線。因為那條線由我們自己所畫，然後連一步也不願再跨出去。那條線的另一側對我們來說，都是『無法做到的』、『怎麼做都不可能成功的』，所以我們不會再跨出那條線了。」

我：「……您說的沒錯。」

的確，我們會自己決定在哪裡停下腳步，又自己決定哪些事情辦不到。我們無法對那條線另一端的事情專注，也不會產生熱情，我想這都是人之常情吧。

事實上，我也是這樣。

就算想要念書，但仍不免覺得「自己怎麼做都沒有用」，結果無法集中精神……像這樣的經驗，困擾我很長的時間。

老師：「但那條線只是幻想。」

我：「幻想？」

老師：「不僅是幻想，也從一開始就不存在。畢竟是自己所畫的線，所以會感覺到有什麼在那，但事實上那裡什麼都沒有。那條線根本不存在。」

我：「……真的沒有那條線嗎？」

老師：「沒有。那條線只是自己為了建造一個舒適圈，不願再動一步所編出的藉口罷了。」

我：「嗯……」

老師：「人類只要有所行動，就一定會碰見某些事物。若能跨出自己的小圈圈，奮發努力，便能得到某種收穫，或與同樣跨出舒適圈的人相遇。就算無法往前進，但不論是後方還是兩旁，只要不斷行動，就一定會與某件事物相遇。真正的問題出在不願行動這件事本身。」

「不願行動」，也就是一開始就為自己設下限制，放棄前進的腳步，什麼事都不做。

我在此時終於實際感受到，不願行動有多麼愚蠢，以及採取行動的重要性。

所以，我也會向各位述說一樣的道理。

說不定再怎麼專注也沒用，說不定一輩子都沒機會望見想達成的目的與理想，不過這樣也沒關係。

因為只要跨過那條線，為了某個目標而專注，那個過程一定不會是徒勞無功。

我在本書中提到「自己決定目標、『選擇』這件事本身就是主動的」。

我認為決定目標，不怕自己白費心思，仍願意專注並予以實踐，就是在「跨過那條線」。

打算跨過那條線時，人類自然就會變得積極。

自己主動做出選擇，跨出第一步時，人會變得積極，不論對哪一件事都能

集中精神。

因此，總之就先做看看吧。

的確，最後可能是一場空、可能毫無意義，說不定結局不出自己所料，但總比什麼都不做還來得好。

到底有沒有意義，之後再來思考就好。

只要別裹足不前，遲早會到達某個地方。各位的身旁並沒有「線」。各位什麼都做得到，一定能完成某些事情。

半放棄狀態也無妨。

覺得自己辦不到也沒關係。

只要願意起身動作，試著打開眼界去看，這件事本身就有意義。

只要有所行動，就必定能夠專注。

各位現在，是一顆放在坡道上方的球。如果能夠活用本書所介紹的各種技巧，就能毫不費力地讓球自己滾下坡道。各位應該都能自然地、積極地發揮專注力。

最重要的，只有一開始的輕輕一推。

這一推，只能靠各位自己來推。

請各位推看看。如此一來，各位一定能夠專注。

我期許各位都能決定自己該做的事，並能夠以最快速度完成目標。請容我在此擱筆。

非常感謝各位。

作者簡介

西岡壹誠

現為東京大學經濟學部四年級生。
就讀的高中是從未誕生東大合格者、默默無聞的學校。雖曾校內成績墊底，但在因緣際會下決心「從偏差值35開始考取東大」。然而後來因為失去念書的動力再次落榜，只好重考第2年，陷入人生的最低潮。
為了解該如何全神貫注地念書，在重新審視自己、反覆嘗試各種方法後，終於成功大幅加強自己的專注力，所有科目的成績都有了飛躍性的提升。
在東大模擬考獲得全國第4名的成績，逆轉考上東大。
現任人氣漫畫《東大特訓班2》（講談社）的內容統括理事長，兼任東大生團隊「東龍門」的隊長，另擔任自2019年5月起發行的應試系網路雜誌《Study-Z》的總編輯，在各個領域都有活躍的表現。
著有日本銷量突破18萬冊的《絕對高分！東大生的便條紙閱讀拆解術》（三采）與突破7萬冊的《東大作文》（東洋經濟新報社）等多本暢銷書。

TODAI SHUCHURYOKU: YARITAKUNAIKOTOMO SAISOKUDE OWARASERU
© ISSEI NISHIOKA 2019
Originally published in Japan by DAIWA SHOBO Co., Ltd. Tokyo
Chinese (in complex character only) translation rights arranged with
DAIWA SHOBO Co., Ltd. Tokyo through CREEK & RIVER Co., Ltd.

東大生的究極專注力

出　　版／楓書坊文化出版社
地　　址／新北市板橋區信義路163巷3號10樓
郵政劃撥／19907596　楓書坊文化出版社
網　　址／www.maplebook.com.tw
電　　話／02-2957-6096
傳　　真／02-2957-6435
作　　者／西岡壹誠
翻　　譯／林農凱
責任編輯／王綺
內文排版／洪浩剛
港澳經銷／泛華發行代理有限公司
定　　價／320元
初版日期／2021年 5月

國家圖書館出版品預行編目資料

東大生的究極專注力 / 西岡壹誠作；林農凱譯. -- 初版. -- 新北市：楓書坊文化出版社, 2021.05　面；　公分

ISBN 978-986-377-667-3（平裝）

1. 注意力　2. 成功法

176.32　　　110003815